새벽바라기

국립중앙도서관 출판시도서목록(CIP)

새벽바라기 : 성병조 수필집 / 글쓴이: 성병조. — 서울
: 북랜드, 2018
p.208 ; 15.2×22.4cm
ISBN 978-89-7787-804-4 03810 : ₩12000
한국 현대 수필[韓國現代隨筆]
814.7-KDC6
895.745-DDC23 CIP2018028063

성병조 수필집

새벽바라기

인쇄 | 2018년 10월 25일
발행 | 2018년 10월 30일

글쓴이 | 성병조
펴낸이 | 장호병
펴낸곳 | 북랜드
서울 강남구 강남대로 320 황화빌딩 1108호
대표전화 (02) 732-4574 | (053) 252-9114
팩시밀리 (02) 734-4574 | (053) 252-9334

등록일 | 2000년 11월 13일
등록번호 | 제2014-000015호
홈페이지 | www.bookland.co.kr
이-메일 | bookland@hanmail.net

책임편집 | 김인옥
교 열 | 배성숙 전은경

ISBN 978 89-7787-804-4 03810
값 12,000 원

성병조 수필집

새벽바라기

북랜드

| 책머리에 |

내가 덜 출세했다고?

내가 능력에 비해 덜 출세했다며 자기 일처럼 안타까워하는 사람이 있다. 고마운 일이다. 출세가 무엇인가? 사회적으로 높은 지위, 신분에 오르거나 유명해지는 것을 말한다. 나를 두고 덜 출세했다는 말로 위로하는 분들은 나의 몇 가지 점에 주목하는 것으로 짐작된다.

먼저 반세기가 넘는 새벽 네시 기상과 조깅을 염두에 두는 것 같다. 스스로 생각해도 대견하다는 느낌이 든다. 중학교 2학년 때부터 시작한 새벽 기상이 지금까지 지속되고 있지만 요즘도 반신반의하는 사람이 더러 있다. 나는 새벽을 사랑한다. 새벽은 나의 신앙이요, 힘의 원천이다. 건강을 안겨다 주고 삶의 지혜를 일깨워 준 위대한 스승이라 할 수 있다.

다음은 초·중·고 12년 개근한 기록이다. 4,380일을 출석하려면 몇 가지 조건이 따라야 한다. 건강이 뒷받침되어야 하고 남다른 성실성은 필수적이다. 더 중요한 것은 부모의 자녀에 대한 교육 열정이다. 농사일을 중히 여겨 농번기에 결석시키는 가정도 많았다. 무지를 대물림하지 않으려고 온갖 열정을 다 기울이신

부모님을 생각하면 얼마나 고마운지 모른다.

마지막으로 남들보다 조금 더 바르게 살았다는 점에 공감하는 듯싶다. 한평생 정직과 정의를 으뜸 덕목으로 삼았다. 불의에 타협하지 않고 올곧은 삶을 살면서 지청구도 많이 들었다. 유명대학을 나와 고위직에 오른 사람들이 인사청문회에서 벌벌 떠는 모습을 볼 때마다 진정한 삶의 가치가 어디에 있는지를 생각하게 된다. 도덕성이 결여되면 공든 탑도 무너지고 만다.

이 세 가지 요소가 함께 어우러져 오늘에 이를 수 있었다. 덜 출세했다는 말에 전부 동의하기는 어렵다. 출세라는 걸 외양만으로 판단하기는 곤란한 게 아닐까. 내적 행복감이 외적 허우대보다 한층 더 소중한 것이다. 소위 출세했다고 칭송받는 사회 지도층 인사들의 허망한 말로를 보면서 종종 그런 생각을 가졌다. 하늘을 우러러 부끄럽지 않는 삶을 희구해 왔다.

이번 수필집에는 위의 세 가지 특징에 따른 여러 사연들이 녹아 있다. 새벽 기상 반세기는 나의 트레이드마크와 같다. 어쩌다 일찍 기상을 하고 운동을 하게 되었는가. 12년 개근이 별것 아니라 여길지 모르지만 5, 60년대를 살아온 사람의 경우에는 흔하지 않은 기록이다. 성실성의 원천은 무엇인가. 정의로운 삶은 나에게 무엇을 안겨다 주었으며 그런 삶을 실천하는 데 어떤 어려움이 있었는가?

1995년 첫 수필집을 낸 후 세 번째 펴내는 수필집이다. 대부분이 지면에 발표된 작품이다. 6부에서는 언론이 바라본 나와 가족 모습을 부록처럼 담았다. 70년대 초 대학신문사 기자로부터 시작한 나의 글쓰기가 꾸준히 이어지고 있다는 것은 무척 다행한 일이다. 진실된 삶을 향한 자성의 방편으로 활용된 것도 글쓰기라 할 수 있다. 수필은 자신을 돌아보는 성찰의 문학이어서 언제나 매력이 있다. 삶과 유리되지 않는 진솔한 글에서 향기가 나는 법이다.

수필집 이름을 '새벽바라기'로 지었다. '바라기'의 사전적 해석은 '음식을 담는 조그만 사기 그릇'을 말한다. 하지만 '바라기'가 어떤 단어의 뒤에 붙는 접미사로 활용되면 그 뜻은 '~을 바라보는 일이나 행위 혹은 그런 사람'을 나타낸다. 해의 방향에 따라 자라는 '해바라기'를 연상해도 좋을 것이다. 이른 새벽을 통해 위안을 받고 몸을 단련하며 인격을 살찌운 이 일을 어찌 소홀히 할 수 있으랴. 새벽바라기는 장구한 세월 동안 새벽별을 바라보며 꿈을 키운 나의 또 다른 이름이라 할 수 있다. 바쁜 중에도 발문을 써주신 한국수필가협회 장호병 이사장님과 사랑하는 가족에게도 사랑과 고마움을 전한다.

2018년 10월

용지봉 아래서

차례

| 책머리에 | 내가 덜 출세했다고? ― 4
| 발문 | 붓 가는 '데'로의 자아화 | 장호병 ― 264

1부 | 노병의 외출

나는 명 통역사 ― 12
복근이라도 키워야지 ― 16
무슨 사연 있기에 ― 19
아내의 눈물 ― 23
노병의 외출 ― 27
나이 들수록 ― 31
있는 대로 주는 대로 ― 35
아내의 미소 ― 39
오래된 약속 ― 43
주례가 뭐길래 ― 46
함께 쌓는 유토피아 ― 50

2부 | 꿈이 유죄인 걸

성 고문은 싫어 ― 56
고추야, 제발 ― 59
과학교육원의 봄 ― 63
꿈이 유죄인 걸 ― 67
나의 살던 고향은 ― 71
버스 안에서 ― 77
오해 ― 81
'전노자' 유감 ― 85
테니스가 좋다 ― 89
프로의 가치 ― 94
주례를 서다 ― 98

3부 | 다시 읽는 군대편지

다시 읽는 군대 편지 ___ 104
KBS 가는 길 ___ 108
선생님의 자리 ___ 112
청소년 흡연 ___ 116
얼리 버드Early bird ___ 119
설원의 얌체족 ___ 121
외래어로 작명해야 성공하나? ___ 125
우리말 겨루기 ___ 127
재취업 오히려 막는 실업급여제도 ___ 131
창녕 양파의 명성 되살리자 ___ 133
'65세 노인 안내서'를 만들자 ___ 135
부부가 뭐길래 ___ 137

4부 | 팔공산서 만난 행복

고객감동과 ___ 142
쓰러진 할머니를 나무라다니 ___ 145
고놈의 인사성? ___ 147
침 뱉는 운동선수 보기 흉하다 ___ 151
이해 못 할 경찰관의 실수 ___ 153
위험한 풍등 기원 ___ 158
꽁초 추적기 ___ 160
수탄장愁嘆場 ___ 164
호칭 유감 ___ 168
초심初心 ___ 173
팔공산서 만난 행복 ___ 177

5부 | 백두대간 협곡열차

라오스에서 행복을 읽다 ___ 182
눈물의 대청봉 ___ 189
장가계에서 중국을 읽다 ___ 193
광활한 대지 무한한 잠재력 ___ 197
백두대간 협곡열차 ___ 201
50대 2 ___ 206
톺아보기 3코스 ___ 210
울릉도 애환 ___ 214
목포의 눈물 ___ 218
회자정리會者定離라지만 ___ 223
양자강에서 힐링하다 ___ 227

6부 | 언론이 바라본 나와 가족

"아내는 남편 하기 나름이죠" (대구일보) ___ 234
"짧은 문구로 깊은 감동 전해요" (조선일보) ___ 238
서로 나란히 '살며 위하며' (영남일보) ___ 240
아내 행복지수는 남편 하기 나름 (매일신문) ___ 244
"좋은 표어 한 줄 백 마디 글 안 부럽죠" (매일신문) ___ 248
"43년간 새벽 4시 기상, 남들보다 하루 3시간 더 살죠" (매일신문) ___ 250
"인생의 모든 것은 새벽에게서 배웠지요" (월간 마음수련) ___ 253
올곧은 길 고집해온 삶 고스란히 녹아 (푸른신문) ___ 260

1부

노병의 외출

나는 명 통역사
복근이라도 키워야지
무슨 사연 있기에
아내의 눈물
노병의 외출
나이 들수록
있는 대로 주는 대로
아내의 미소
오래된 약속
주례가 뭐길래
함께 쌓는 유토피아

나는 명 통역사

나에게 그런 용기가 있었다는 게 정말 신기하다. 급한 상황에 처하면 누구에게나 일어날 수 있는 일일까. 언제 생각해도 부끄러움과 함께 다가오는 잊지 못할 '사건'이 있다.

대학 3학년 때 전국 대학생 연합수련회가 계룡산 갑사 아래서 열렸다. 농촌 문제를 주제로 토론하고, 유명 인사의 특강을 듣고, 이어 인근 농촌 마을에서 며칠간 봉사활동을 펼치는 연례행사이다. 150여 명이 참여한 집회에 농촌진흥청에서 주선한 외국 대학생 다섯 명도 동참하였다. 그런 중요한 행사에서 우리말을 전혀 모르는 외국인을 안내해야 할 책무가 나에게 주어졌다. 행사 기간 중 총진행을 내가 맡았기 때문이다.

몸으로 때우는 일이야 구성원들이 합심하면 별 문제가 없지만 토론 시간에는 외국인들을 배려하지 않을 수 없다. 영어 회화에 능통한 통역사가 필요하였다. 서울의 유명 대학생부터 지방 명문대학까지 총망라한 다재다능한 학생 가운데서 통역 하나쯤은 쉽게 구할 수 있을 거라 생각하였다. 하지만 나의 예상은 전혀 빗나가고 말았다. 통역할 사람이 나오도록 간청에 간청을 거듭했지만 아무도 응하지 않아 결국 내가 뛰어들 수밖에 없었다.

지금까지 우리 행사에 외국인 참석이 전혀 없었고, 또 외국사람 만나는 게 그리 쉬운 일이 아니어선지 학생들의 관심은 높았다. 그동안 익힌 영어 실력을 발휘해 보기 위해 외국인에게 다가가 말을 거는 학생들은 더러 있었다. 하지만 부끄러움이 앞선 나머지 제대로 실력을 발휘하지 못하고 돌아서는 경우가 대부분이었다. 누가 무어라 해도 외국어에는 용기가 제일이다. 남의 나라 언어인데 좀 서투르면 어떠랴.

먼저 외국 대학생들을 앞으로 불러내 차례로 앉혔다. 학생들이 궁금한 부분을 내가 영어로 묻고 그들의 대답을 우리말로 통역한다. 영어 회화에 익숙지 못하면 실수 여부를 가려내기는 어려운 법이다. 학생들에게는 유창하게 번역만 잘해주면 대만족이다. 알고 싶은 바를 쉽고도 흥미롭게 풀어냈으니 그들의 눈이 휘둥그레졌음은 물론이다. 모두 내 영어 실력에 깜짝 놀라는 표정들이다. 이후에도 외국 학생들의 뒷바라지는 계속 내 차지가 되었다.

나의 영어 실력에 유독 깊은 관심을 보인 학생은 대구 친구들이다. 비록 대학은 달라도 우리의 처지를 보다 잘 이해하는 학생들이 나의 외국어 공부 비결을 속속 물어오는 것이다. 마치 숨은 보석이라도 발견한 양 접근해 오는 그들을 제대로 대접하는 것도 나의 의무가 되었다. 당시 영어 학원에는 다녔어도 회화를 잘한다고는 생각지 않았다. 남다른 장기라면 어떤 외국인을 어디서 만나도 두려움 없이 무대포로 뛰어드는 용기쯤이라고나 할까.

토론회가 끝나고 다음은 특강 순서이다. 초청 강사는 서울대 사회학과 한완상 교수. 당시 연세대 김동길 교수와 함께 쌍벽을 이루는, 대학생들에게 가장 인기 높은 분이다. 1970년대 초 청년 문화가 활발하게 거론되던 시절 이 분야에 가장 정통한 강사였다. 나는 교수님이 나타날 시간이 가까워지자 걱정이 앞섰다. 외국에서 박사 학위를 받은 외국어에 정통한 교수 앞에서 영어를 구사한다는 게 너무도 초라하게 여겨졌기 때문이다. 이런 때일수록 용기를 잃지 말아야 한다. 이왕 저지른 김에 무슨 일인들 못 하겠는가. 외국 학생들을 교수님 앞으로 데려가 겨우 소개해 드린 후 나는 현장을 슬며시 빠져 나오고 말았다.

이후 나의 찬란한 영어 실력은 여러 대학생들에게 선망의 대상이 되었다. 바라보는 눈이 달라졌음은 물론이다. 나를 향한 시선이 눈부실수록 죄책감은 더욱 부풀어 갔다. 그들의 찬사를 받을 만큼 빼어난 실력이 아닌데도 불구하고 순간적인 객기로 과대 포장된 부분을 어떻게 설명이라도 해야 하나. 한때의 용기가 짙은 그림자를 드리우며 나에게 큰 부담으로 다가올 줄은 미처 생각지 못했다.

행사가 끝난 후 대구에서 내려야 할 몸이 멀리 부산까지 가게 되었다. 외국인 두 명을 그곳에 데려다 주어야 하는데 그 짐 또한 내가 안을 수밖에 없었다. 부산에서 온 대학생이 여럿 있었지만 아무도 나서지 않는 바람에 하는 수 없이 내가 떠맡게 된 것이다. 한순간의 객기가 이토록 끈질기게 나를 옭아맬 줄 몰랐다. 외국인과 함께 있는 시간이 길어질수록 여러 입을 통해 나의 영어 실력은 계속 거품처럼 부풀어갔다. 이 부담을 고스란히 짊어져야만 하나. 실상을 잘 모르는 그들에게 나의 진면목을 미주알고주알 이실직고할 필요는 없을 터이다.

나는 평생을 살면서 이날의 유희遊戲를 잊은 적이 없다. 유창한 영어 통역의 이면에는 능력보다 용기가 차지한 영역이 훨씬 넓었다는 점을 고백한다. 외국인이 말한 부분에다 자의적인 해석을 가미해 맛깔 나는 작품을 만들었기에 그들의 입맛에 맞았던 것뿐이다. 내가 아는 영어가 나오면 그것을 유추하여 재미있게 풀어나가니 학생들이 감동할 수밖에 없었을 것이다. 어찌할 수 없는 막다른 골목에서 발휘한 나의 기지機智는 두고두고 잊히지 않는 대학 생활의 추억으로 남아 있다.

(문장 제42호, 2017. 가을)

복근이라도 키워야지

최근 들어 말 못 할 고민이 생겼다. 이런저런 단체에서 친구들이 모이기만 하면 손자 손녀 자랑에 경쟁적으로 뛰어든다. 스마트폰 화면에 입력된 아기 사진을 펴들고 희희낙락하는 모습 때문에 속이 뒤틀린 지도 한참 되었다. 사랑하는 며느리가 할아버지를 위해 손자 사진을 초기 화면에 넣어 주었다며 한술 더 뜨는 친구도 있다. 이런 일이 얼마나 빈번했으면 손자 자랑에 앞서 돈 얼마를 내놓으라는 우스갯소리까지 나왔을까.

나는 아들딸 두 자식 모두 장성하여 괜찮다는 직장까지 가졌지만 혼사 이야기만 나오면 자리를 뜨고 싶은 심정이다. 아이들 나이가 서른이 넘었어도 여태 마수걸이도 못 한 처지이니 그럴 만도 하지 않은가. 그렇다고 아예 시집 장가를 가지 않겠다고 부모 속을 뒤집는 편도 아니요, 사람을 소개해 주면 만나지 않겠다고 손사래 치는 그런 부류도 아닌데 여태 인연이 닿지 않는 게 원망스러울 뿐이다.

하지만 부모의 입장은 사뭇 다르다. 나이 들수록 주가는 점점 떨어지는 법인데 세월은 빠르게 흘러만 가니 애간장이 타지 않을 수 없다. 아들은 최근 들어 여자 친구를 사귀고 있는 듯해 그나마 위안이 된다만 아래 딸자식은 별 진척이 없어 보인다. 대학 졸업과 동시에 객지에서 직장 생활을 한 지도 벌써 5, 6년에 이르니 자기들이 저축해 둔 돈도 제법 되는 것 같고, 우리 부부도 언젠가 다가올 혼사를 위해 준비도 열심히 해 두었는데 좀체 성사가 되지 않는다.

짝을 찾지 못해 애태우는 부모의 맘은 여간 쓰라린 게 아니다. 휴대폰을 열어놓고 손자 손녀 재롱에 도취된 그들을 지켜보는 데도 이젠 지쳐 버렸다. 망연히 바라보고만 있기가 힘들어 내 나름대로의 묘책 찾기에 나섰다. 그들이 손자 자랑에 빠질 때면 나도 비장의 무기로 대응하리라 굳게 마음먹었다. 아랫배가 나온 것은 이미 새벽 조깅으로 어느 정도 조절되어 문제될 바 없기에 남들이 쉽게 흉내 내기 어려운 복근으로 그들의 기를 꺾어 놓고 말리라.

몇 달간에 걸쳐 복근 불리기에 온 정성을 다 기울였다. 팔 굽혀 펴기부터 시작하여 뒤로 누워 다리를 쳐들고 좌우로 돌리기 등등 힘이 미치는 부분이라면 어느 곳도 마다하지 않았다. 틈만 나면 웃통을 벗고 거울 앞에 다가가 차츰 불어나는 앞가슴과 복근을 바라보며 흐뭇하게 미소 짓는 게 일상처럼 되었다. 이제는 밖으로 내놓아도 별 손색이 없을 듯하여 아내에게 복부 근육 촬영을 부탁하였더니 흔쾌히 응한다.

복부의 갈라진 근육은 상대를 압도할 정도로 선명하게 드러난다. 식스팩이 제대로 보이는 모습은 회갑을 넘긴 사람이라는 느낌을 무색케 하였다. 어느 곳에 내놔도 손색이 없을 만큼 단단한 근육질이다. 손자 자랑하는 친구들의 기세를 제압하기에 충분하다. 아내의 힘을 빌려 내 휴대폰 초기 화면에다 폼 나게 올렸다. 평소 족집게 질책에 익숙한 아내도 동병상련의 감정이 통했던지 이 같은 몸부림에 싫은 표정을 짓지 않는다. 오죽 답답하면 이런 짓까지 할까, 연민의 정에서 나를 돕고 있는지도 모르겠다.

지금까지 손자 자랑에 열중해온 친구들은 갑자기 내미는 휴대폰에 흠칫 놀라곤 한다. 혹시 자기들 모르게 자녀 혼인이라도 시켰는지, 아니면 무슨 놀랄 만한 일이라도 생겼는지 무척 궁금하였을 터이다. 하지만 이내 흉내 내기 힘든 4, 50대에 버금가는 나의 복근에 실소를 금치 못한다. 틈만 나면 손자 손녀 자랑에 정신이 없었던 그들을 제압할 수 있는 비장의 무기임에 부족함이 없다.

손자 손녀만 있으면 대수인가. 젊은이에 뒤지지 않을 만큼의 탄탄한 근육질은 누구나 가질 수 있는 게 아님을 친구들이 모를 리 없다. 그동안 수세에만 몰렸던 내가 일격을 가할 수 있는 절호의 순간이다. 이토록 통쾌한 일이 어디 다시 있을까. 자녀 혼사가 조금 늦어진다고 하더라도 크게 조바심을 낸다거나 기 죽을 필요는 없을 터이다. 때가 되면 인연이 찾아올 거라는 한 가닥 희망 속에 나날이 커가는 복근에라도 위안을 삼으며 좀 더 기다려야 할까 보다.

(죽순 제47호, 2013년)

무슨 사연 있기에

여느 때처럼 이른 새벽 운동 길에 나섰다. 겨울비가 추적추적 내린다. 조깅을 포기하고 집으로 돌아갈까 생각하다 이쯤의 비라면 큰 무리가 없을 것 같아 가던 길을 재촉한다. 오늘따라 텅 빈 운동장이 낯설어 보인다. 교문에서 잠시 머뭇거리는 순간 멀리서 구두 발굽 소리가 들리고 이어 비틀거리는 사람의 형체가 희미하게 다가온다. 인적이 드물고 제법 어두운 도로인 데다 비 내리는 꼭두새벽에 웬 여성이 방황하고 있는지 궁금하여 고개를 돌릴 수가 없었다.

예전에는 새벽 운동 길에서 술 취한 여성을 더러 본 적이 있지만 요즘 들어서는 좀체 보기 드문 광경이다. 어차피 운동하러 나왔으니 달리는 코스만 조금 바꾸면 될 터여서 문제의 장소로 향했다. 어떤 일에서도 이상한 점이 있으면 그냥 지나치지 못하는 내 호기심이 서서히 발동하기 시작한다. 여성 주변을 선회하면서 정황을 슬금슬금 훔쳐본다. 술에 취해 길을 제대로 찾지 못한 채 헤매고 있는 것으로 짐작되었다. 하지만 생면부지의 여성에게 선불리 접근하기가 쉬운 일만은 아니다. 훤칠한 키에다 롱부츠, 말쑥하게 차려 입은 아가씨가 무슨 사연이 있기에 이토록 이른 새벽부터 거리를 방황하고 있단 말인가.

다시 학교 정문으로 돌아와 멀리서 전개되는 상황을 유심히 지켜본다. 도서관 앞 보도 턱에서 한참을 웅크리고 앉아있던 그녀가 가까스로 일어나더니 가로등도 희미한 야산 쪽으로 방향을 잡는다. 아파트 단지가 밀집해 있는 이쪽으로 와야 어느 정도 마음이 놓일 텐데 반대편으로 갈지자걸음을 걷는 게 너무도 위태로워 살금살금 뒤따라가 보았다. 혼자 내버려두고 떠나기에는 영 마음이 허락하지 않는다. 인적이 드문 외딴 곳에서 행여 실수로 쓰러지거나 차에 받히기라도 하면 큰 사고로 이어질 수도 있다는 데 생각이 미치니 외면하기는 더욱 어려웠다.

그녀는 자꾸만 민가도 없는 엉뚱한 곳으로 걸어가고 있다. 걱정이 되어 바짝 다가갔지만 어떻게 접근해야 할지 선뜻 용기가 나지 않는다. 무슨 이야기부터 먼저 꺼내 그녀를 안심시킨단 말인가. 혹시 말을 걸어도 잘 알아듣지 못한다거나 도리어 내가 불청객으로 몰려 무안이라도 당할까 봐 염려도 되었다. 생각하면 할수록 머리가 혼란스러웠지만 그냥 내버려 둘 수도 없는 안타까운 순간이 아닐 수 없다. 그녀를 안심시키기 위해 추위를 막으려고 복면처럼 착용했던 마스크와 모자도 벗어 들었다. 다시 마음을 가다듬은 후 비틀거리는 그녀에게 다가가 어렵게 도움의 손길을 내밀었다.

“인적이 드문 곳으로 가면 매우 위험합니다. 괜찮다면 내가 좀 도와 드릴까요?”

일방적으로 아가씨의 팔을 끌 수도 없는 노릇이어서 잠시 머뭇거렸다. 다행히도 그녀는 나의 호의를 거절하지 않아 어색한 순간을 겨우 모면할 수 있었다. 어디에 사는지를 물었더니 기어드는 목소리로 Y아파트라고 한다. 아마도 술에 취한 채 택시에서 내렸다가 방향을 잘못 잡은 걸로 짐작되었다.

낯선 여성을 부축해 걸으면서 한마디 말도 없이 잠자코 지내기가 무척 어색하다. 혹시 학생인지, 무슨 일이 있었는지 몇 가지를 물었지만 묵묵부답이다. 비록 장갑은 끼었어도 젊은 여성의 따뜻한 감촉이 전해져 왔다. 그녀는 작은 목소리로 연신 미안하다는 말만 되풀이한다. 그가 산다는 아파트 관리실이나 인근 파출소까지 데려다 주면 그나마 마음을 놓을 수 있으리라 여기고 정성을 기울이고 있는 중이다. 이른 새벽 사람 하나 보이지 않는 가운데 마치 내가 그녀의 임시 보호자라도 된 것처럼 손을 잡고 우중 행보를 계속해 나간다. 도서관을 지나 중학교 정문 맞은편 아파트 입구에 마련된 안내판 앞에 멈춰 섰다. 거주지를 재차 확인하기 위함이다. 201, 202, 203동을 차례로 읽어 내려 가는 순간, 204동을 가리키자 그곳이 맞다며 고개를 끄덕인다. 무척 다행스러웠다. 아파트 단지 내로 접어드니 이제는 낯이 익은지 혼자 갈 수 있다면서 잡은 손을 살며시 내려놓는다. 고맙다는 인사를 남기고 발걸음을 내딛는 모습이 여전히 어지러워 보인다.

취기에서 완전히 깨어나지 못한 그녀의 걸음걸이가 걱정되어 금방 자리를 벗어날 수 없었다. 희미하게 멀어질 때까지 그녀가 가는 곳을 유심히 바라보다 한참 후에 발길을 돌렸다.

'실수하지 않고 제대로 집에 들어가기는 하였을까?'

'어차피 돕는 김에 아파트 통로 입구까지 데려다주었더라면 한결 안심할 수 있을 텐데…….'

'무슨 사연이 있기에 이른 새벽에, 왜 그토록 술에 취해 방황하였을까?'

집에 들어와서도 머리는 온통 그녀 생각에서 헤어 나오기 힘들었다. 요즘도 새벽 운동에 나서면 그날의 일이 되살아나면서 도움의 손길을 내밀었던 그쪽 방향으로 자꾸만 고개가 돌아가곤 한다.

(대구문학 제101호, 2013. 3·4월호)

아내의 눈물

한참 책을 읽고 있는 내 곁에서 망중한을 보내고 있는 아내의 표정이 심상찮다. 틈만 나면 여행하기를 좋아하는 그에게 뭔가 보람된 주말을 보낼 수 있는 기회를 제공하지 않으면 섭섭해하니 눈치를 볼 수밖에 없다. 나야 그동안 밀린 독서도 하고, 또 쓰다만 원고라도 정리하면 시간이 후딱 지나갈 터이지만 그는 좀 다르다. 특히 오늘은 아내가 방학을 맞자마자 줄곧 계속된 십여 일간의 연수가 끝나고 처음 맞는 주말이 아닌가.

"여보, 도시락을 싸서 어디라도 슬슬 나서 볼까요. 한동안 가지 못한 운문사나 주변의 신원계곡이면 괜찮겠지요?"

내 말이 떨어지기가 무섭게 아내의 얼굴이 환하게 피어오른다. 오랜 기간 동안 두 사람이 함께 떠나는 여행은 제대로 갖질 못했다. 부모님이 돌아가신 후 십여 년 가까이 승용차의 뒷자리에는 장인 장모님을 모셨기에 우리 둘만의 나들이는 뭔가 어색하게 느껴지기도 하였다. 계속되는 교육 연수에 지쳐 축 늘어진 집안 분위기가 일시에 돌변하면서 이내 준비태세로 들어간다.

도시락을 대충 챙겨 서둘러 집을 나섰다. 평소 자주 가던 길인 경산 자인을 지나 용성면에 이르자 갑자기 마음이 바뀌었다. 몇 차례 가보고 싶었던 새로운 길에 대한 충동이 이쯤에서 발동해버린 것이다. 용성에서 동쪽으로 줄곧 직진하면 쉽게 운문댐에 이르지만 용성에서 좌회전을 하면 영천 대창 방면이 나온다는 사실을 일찍 확인해둔 터이다. 새로운 길에 대한 호기심도 없지 않았지만 무엇보다도 삼십여 년 전 아내가 근무한 추억의 옛 자취들을 돌아보고 싶은 마음이 이심전심으로 통한 것이다.

인적조차 드문 낯선 시골길을 물어가며 한참을 달리니 좌측으로 저수지가 나오고 얕은 고개를 넘는다. 길가 과수원에는 낙과들이 즐비하다. 애써 가꾼 복숭아가 땅바닥에 널브러진 과수원을 바라보면서 아픈 농심을 읽는다. 우리는 다시 옛 추억의 심연을 헤집느라 더욱 분주해진다. 좌로 가면 대창과 금호읍에 이르고, 우로 가면 북안이라는 이정표가 나온다. 너무도 오래된 옛일이어서 당시의 기억을 되살리는 일이 용이하지 않다. 한참을 달리니 좌측으로 큰 바위 아래 고풍을 잔뜩 머금은 효자각이 나타난다.

아내는 이쯤에서 옛 기억이 조금씩 되살아나는가 보다. 그때는 비포장 도로여서 달리는 버스 꽁무니에선 뽀얀 먼지가 많이 날렸다. 울퉁불퉁하게 팬 돌자갈 길을 시골버스에 몸을 싣고 어렵게 달렸던 기억이 생생한데 지금은 포장도로로 몰라보게 단장되어 있다. 서로가 기억경쟁을 하면서 줄곧 올라가니 우측으로 큰 나무들이 나타나면서 학교의 흔적을 조금은 감지할 수 있을 것 같다. 학교는 정문과 본관 건물만 겨우 지탱한 채 폐허를 방불게 한다. 총동창회와 당시 학교장이 재학생들에 전하는 격려비문이 유언처럼 남아 있다.

"씩씩한 새싹들아, ○○학교의 건아답게 바르고 건강하게 자라다오. 장차 우리 사회를 빛내는 훌륭한 재목으로 크게 성장하기를 바란다."

교문 옆 관사와 숙직실, 그 옆으로 수십 년의 연륜을 간직한 호두나무가 우두커니 우리를 내려다보고 있다. 아이들이 두세 살 무렵 몇 차례 본교에 온 기억이 난다. 일요일 당직 때면 도시락을 싸들고 떠나는 가족 나들이가 우리의 마음을 무척이나 설레게 하였다. 아내의 일터에서 네 식구가 옹기종기 모여앉아 도시락을 함께 먹으면서 주변 경치를 감상하는 게 얼마나 즐거웠는지 모른다. 나는 벽지 학교로 옮겨갈 때마다 고생하는 아내에게 베풀 수 있는 작은 배려라고 생각하여 학교 방문을 조금도 망설이지 않았다.

포도밭으로 변해버린 운동장을 지나니 새로운 과실주 공장이 덩그렇게 서 있다. 주인인 듯한 분이 예고 없이 찾아든 불청객에게 불만의 눈길을 보낸다. 방문 이유를 묻는 그의 태도가 나긋나긋할 리가 없다. 삼십 년도 더 지난 옛 추억을 더듬는 우리들의 아픈 심정은 아랑곳하지 않고 난데없이 찾아든 이방인이 무척 못마땅하게 여겨진 모양이다. 학교 안에 이런 민가가 존재하리라고는 미처 생각하지 못한 우리의 불찰을 어찌 모르겠는가.

교문으로 돌아온 아내는 추억 속의 옛 사연들이 되살아나는

지 눈가에 이슬이 맺힌다. 얼마나 어려운 시절을 동분서주하며 지내왔던가. 결혼 초기만 하더라도 우린 눈코 뜰 새 없이 바쁜 나날의 연속이었다. 연년생인 아이 둘을 아침 일찍 처가에 맡겨 두었다가 퇴근 때면 집으로 데려오곤 하였다. 두 아이의 유치원 경력이 3, 4년에 이른다. 동일한 학습을 여러 차례 받은 덕분에 선생님의 교육내용을 거의 꿰차고 있었다면 믿어지기라도 할까. 어쩌다 선생님이 늦는 날이면 우리 아이가 선생님의 역할을 그대로 재현했다는 이야기를 원장님으로부터 몇 차례나 들은 기억이 난다. 외할머니의 수고를 덜어 드리기 위해 가급적이면 유치원에서 많은 시간을 보내도록 한 우리의 고육책이 아닐 수 없다.

그런 어려움 극복의 노력이 있었기에 오늘의 행복을 누리고 있는 게 아닐까 생각해 본다. 하루하루가 전쟁 같은 일상이었지만 짜증 내지 않고 성실하게 살아준 아내가 오늘따라 더욱 고맙게 느껴진다. 되돌아보면 어찌 한 점 회한도 없으랴마는 크게 후회할 일이 생각나지 않는 것만으로도 다행한 일이다. 아내의 고생을 사랑으로 감싸며 온갖 고통을 인내와 협조로 이겨내 왔다.

아내의 여린 손을 살며시 잡아 본다. 스러져가는 아내의 옛 근무지에서 과거의 흔적을 돌아보는 마음이 무척 애잔하다. 더 오래 머무르다간 아내의 눈가에서 뜨거운 눈물이 왈칵 쏟아질 것 같아 이내 돌아섰지만 모처럼 함께한 우리의 추억 여행은 오래도록 기억에 남을 것이다.

(수필세계, 2012 여름호)

노병의 외출

한국전쟁 참전 용사이면서 등산을 좋아하시던 장인어른이 보훈병원을 거쳐 요양원에 입원한 지가 거의 10여 년에 가까워 온다. 호랑이도 무섭지 않을 정도로 위세를 떨치던 기골은 온데간데없이 병상에만 누워 계시는 모습이 여간 안쓰러운 게 아니다. 긴 세월 동안 병간호를 위해 애쓰시는 장모님의 노고는 물론이거니와 가족들의 마음 씀씀이도 고맙기 그지없다. 그런 처가 분위기 속에서 나는 남들보다 일찍 세상 떠난 부모에게 하지 못한 효도를 처부모에게 대신하려 애쓰는 중이다.

설령 마음이 있다손 치더라도 당시에는 바쁜 농촌 형편상 행하기 어려운 점도 없진 않았다. 어쩌다 틈을 내어 승용차에 부모님을 모시고 나들이라도 할 양이면 얼마나 즐거워하셨는지 모른다. 시장 가는 길에 차만 태워 드려도 동네 자랑이 미어지는데 긴 시간 동안 함께 장거리 여행에 나선다는 것은 어디에도 비길 수 없이 기쁜 일이다. 하지만 불의의 교통사고로 이른 연세에 돌아가신 아버지, 갑작스럽게 발견된 지병으로 얼마 후 당신을 따라가신 어머니를 생각하면 가슴이 저려온다. 나는 그런 아쉬움을 처부모님을 통해 위로받고 싶은지도 모른다.

큰 병증은 없다지만 노구로 인해 거동이 불편한 팔순 중턱의 장인어른에게는 여행이 명약임을 익히 알아온 터이다. 틈만 나면 나서기를 좋아하는 우리 부부는 한동안 두 자녀와 더불어 다니기를 즐겼다. 자식들이 장성하여 우리 곁을 떠난 후에는 승용차 뒷좌석이 여간 허전하게 여겨지지가 않았다. 어차피 두 사람이 가는 길인데 텅 빈 뒷자리를 채우는 게 무슨 대수이랴 싶었다. 편찮으시기 전 오랜 기간 동안도 승용차 뒷좌석은 항상 처부모님에게 내어 드리지 않았던가.

그런 생활에 익숙해져 오다 요양원에 계신다고 해서 중단할 수도 없는 노릇이다. 여행에 맛 들여진 장인어른의 옛 향수는 몸이 불편하다고 해서 조금도 수그러들지 않았다. 요양원에서 지루한 나날을 보내다가도 승용차를 타고 먼 길을 다녀오면 여행에서 충만된 기운이 얼마 동안 노구를 지탱하는 에너지가 되곤 하였다. 비록 몸은 불편하지만 정신은 맑아서 어디를 가더라도 옛 기억을 하나하나 들추어내면서 여행 기분을 만끽하신다.

나들이 때는 휠체어와 함께 식사준비까지 해서 떠나는 게 버릇처럼 되었다. 제대로 걸을 수도 없고, 또 밥을 먹을 때 흘리기도 하는 장인어른의 형편을 감안하여 착안한 우리들의 묘책이다. 힘들이지 않고 닿을 수 있는 곳, 또 자연 경관이 좋은 명소는 전국 각지에 지천으로 널려 있어 요긴하기 그지없다. 명승지마다 세워진 휴게소나 정자를 우리의 식사 장소로 이용한 지는 무척 오래되었다. 대중음시전은 불편한 몸을 부축하여 들어가기도 어려울 뿐만 아니라 바라보는 주위 시선도 그리 달가워 보이지 않아 고심 끝에 찾은 방법이다.

장인어른의 편의를 위해 승용차를 식사자리 근처에 바짝 다가 세우고 준비한 음식을 펼쳐 놓으면 어디 내놓아도 부럽지 않은 대자연 속의 향연이 되고 만다. 상큼한 공기, 눈부실 만큼 아름다운 정경, 사랑하는 가족들이 둘러앉아 함께 나누는 야외 만찬을 어디에 비길 수 있으랴. 지나가는 차량이나 여행객들도 호기심을 보이며 우리를 반겨주어 기쁨을 더해 준다.

한번은 고속도로 휴게소의 장애인 화장실에 들렀다가 낭패를 당한 적이 있다. 장인어른이 좌변기에서 볼일을 본 후 물을 내리기 위해 각종 장치들을 건드렸으나 제대로 말을 듣지 않는 바람에 겪은 해프닝이다. 아내와 함께 변기 가까이 얼굴을 대고 여러 수작을 피우던 중 변기에서 갑자기 물을 내뿜는 게 아닌가. 튀어 오른 비데수를 얼굴에 온통 뒤집어쓰고 마주 보며 웃었던 일이 좀체 잊히지 않는다. 고속도로를 달릴 때마다 소변이 잦은 장인어른을 위해 임시 대피소를 눈여겨 살피는 일도 거의 일상화되었다.

이런 우리들의 흥겨운 나들이가 언제까지 지속될지는 알 수 없다. 오랜 병상의 어른인지라 언젠가는 우리 곁을 떠나고 말 것이다. 항상 목에 걸고 있는 자랑스러운 무공훈장도 주인을 잃고 나면 어찌 오늘처럼 계속 빛나기만 할 수 있으랴. 시간적 여유도 부족하고, 조금은 귀찮게 여겨지더라도 돌아가신 후 아쉬움을 남기지 않으려면 주저하지 않고 나서는 게 도리일 것이다. 거동이 불편한 어른을 휠체어에 모시고 긴 시간 여행을 다녀오면 모두의 마음이 흐뭇해지는데 여기서 멈출 수는 없는 일이다. 오늘도 아내와 함께 점점 쇠잔해져 가는 노병老兵의 외출을 돕기 위해 대구 근교에 있는 보훈요양원으로 향한다.

(매일신문 2016. 9. 27)

나이 들수록

나이가 들수록 사물이나 사회 현상을 바라보는 눈과 사고思考가 예전과는 사뭇 달라지는 것을 느낄 수 있다. 어릴 적 어른들이 자주 언급하던 말의 의미를 제대로 인식하지 못하다가 내가 그 나이에 이르자 비로소 깊은 뜻을 깨닫게 된 것일까. 연세 드신 어른들의 행동거지를 바라볼 때마다 옳고 그른 습관들이 확연히 눈에 들어와 나를 당황스럽게 만들기도 한다. 그중 일생 동안 닮기도 상종하기도 싫은 몇 가지가 항상 내 곁을 따라다닌다.

20여 년 몸담았던 옛 직장에는 별난 버릇을 가진 임원이 있었다. 누구의 간섭도 받지 않고 혼자 중역실을 지키는 자리 때문에 가능했던 것일까. 그는 직원이 결재를 받으러 들를 때나 심지어는 간부회의 때도 마음대로 방귀를 붕붕 뀌어대곤 하였다. 가스 배출을 원활하게 하느라고 엉덩이 한쪽을 비스듬히 들면서 방사를 하는데 실로 가관이다. 큰 소리와 역한 냄새가 실내 분위기를 어색하게 만들어 놓지만 정작 자신은 아무렇지도 않은 듯 한결 여유까지 보이니 기가 찰 노릇 아닌가. 평소 유머 넘치는 총무부장은 방을 나오기가 무섭게 코를 움켜쥐면서 상무 때문에 못 견디겠다고 아우성을 치지만 그 버릇은 좀체 바뀌지 않았다.

한참 세월이 지난 후 여기에 필적할 만한 위인을 우연히 만나게 되었다. 동생뻘 되는 젊은 친구가 어쩌면 그렇게도 쏙 빼닮았을까. 여럿이 모여 있는 자리에서 남의 시선은 아랑곳하지 않고 무자비하게 가스를 내뿜는 것이다. 엉덩이를 옆으로 치켜드는 모습, 그리고 방귀 소리까지도 옛 상사와 흡사하여 놀랐다. 하도 어이가 없어 한마디 충고하고 싶었지만 가까스로 참았다. 어설프게 참견했다가 예상치 못한 반응이라도 나오면 얼마나 불편해질까 염려되어서이다.

음식점에 들를 때마다 자주 목격하는 일이 있다. 나도 한때는 식사 후에 이 후비는 사람들을 경멸의 시선으로 바라본 적이 있다. 건강한 치아에 음식물 찌꺼기가 낄 리 없었으니 그런 생각이 가능하였는지 모르지만 지금 생각해보면 여간 미안한 게 아니다. 흉보면서 닮는다는 말이 부메랑으로 다가온 사례라고나 할까. 내가 딱 그 꼴이 되고 말았다. 남에게 피해가 가든 말든 본인의 편의대로 행동할 수 없다는 것은 공중도덕의 기본이다.

식당에서 이 사이에 낀 찌꺼기를 제거하기 위해 쩝쩝거리는 등 여러 잡음을 내는 사람도 쉽게 볼 수 있다. 이쑤시개 대신 젓가락으로 이를 쑤시는 사람도 눈에 뜨인다. 손으로 입을 가리고 하는 것이 아니라 드러내놓고 쑤셔대는 모습이 여간 흉한 게 아니다. 더욱 심한 경우는 물수건에다 코를 푸는 행동이라고나 할까. 기본예절이 실종된 현장을 보는 것 같아 실망스럽기 짝이 없다.

자도를 불법 횡단하는 노인들도 곱지 않기는 마찬가지다. 실주하는 자동차가 얼마나 빈번하며, 또 노인들의 교통사고가 오죽 많이 발생하는가. 연세 드신 분이 얼마나 바쁜지 모르겠지만 차도를 무단횡단할 만큼 급한 일은 없을 터이다. 하긴 제아무리 바쁘다고 하더라도 지정된 횡단보도로 건너야 함은 너무도 당연한 일이다. 차가 쌩쌩 오가는 대로大路 한가운데 서서 오도 가도 못하고 쩔쩔 매는 노인을 보면 딱하다 못해 처량한 느낌까지 든다. 한 술 더 떠서 오가는 자동차는 아랑곳하지 않고 오직 땅바닥만 바라보면서 오리걸음을 걷는 사람을 보면 부모를 잘못 모신 그들의 자식까지 원망하게 된다.

한번은 빨간 신호인데도 불구하고 도로를 무단 횡단하는 할머니와 마주친 적이 있다.

"할머니, 파란 불이 아닌데 이렇게 건너시면 얼마나 위험한지 아세요. 자칫 사고라도 나면 어떻게 하시려구요?" 미안한 표정을 지으며 종종걸음 치는 할머니에게 내 말이 선의로 받아들여졌다면 다행스런 일이다.

얼마 전 시내버스에서 이런 일을 목격하였다. 승객이 붐비는 바람에 자리에 앉지 못하고 한참 서 있는 중에 어느 정류소에서 한 할아버지가 탑승하였다. 그때 중년을 훨씬 넘긴 신사 한 분이 벌떡 일어나면서 좌석을 양보하였다. 하지만 그 노인은 고맙다는 일언반구도 없이 그 자리에 덥석 주저앉아 버린다. 어이가 없었다. 양보한 사람도 멋쩍었겠지만 지켜보는 나도 무척 언짢게 느껴졌다. 속으로는 무례한 노인을 원망하면서도 내가 저 나이가 되면 유사한 실수는 저지르지 않아야겠다는 다짐을 하고 또 한다.

나이가 들면 누구나 어린애처럼 바뀐다고도 하고, 또 문제의 심각성을 제대로 인식하지 못한다지만 결코 남의 일로 치부해서는 안 될 것이다. 머잖아 나도 그들과 비슷한 나이에 이를 테고, 또 유사한 행동을 보이지 않을 거라고 장담하기는 어려울 터이다. 내가 싫으면 남도 싫은 법이다. 주변에서 발생하는 하찮은 일일지라도 타산지석他山之石으로 삼으면 남에게 폐 끼치는 일은 하지 않을 게 아닌가. 나만 시원하다고 방귀를 붕붕 소리 내어 뀐다거나, 식사 후에 쩝쩝 소리 내며 이를 쑤시고, 횡단보도가 엄연히 있는데도 불구하고 도로를 불법으로 건너다니는 일은 나이 들수록 경계해야 할 우리 모두의 과제가 아닐 수 없다.

(죽순 제49호, 2015.)

있는 대로 주는 대로

인간 생활의 세 가지 기본 요소를 의식주라 하지만 먹는 일보다 중요한 게 어디 있을까. 어떤 사람은 살기 위해서 먹는 것이 아니라 먹기 위해 사는 것처럼 게걸스러움을 보이기도 한다. 이름난 맛집을 골라 다니는 식도락이 있는가 하면 먹는 음식 앞에서 물불 가리지 않고 마구 덤비는 식탐도 있다. 어쨌든 먹는 일은 삶에 있어 가장 우선되는 요소여서 음식과 관련한 이야기는 끊임없이 회자되고 있다.

내가 어릴 때는 먹고살기가 무척 힘들었다. 끼니를 거르기도 하고, 또 쌀과 보리를 절약하기 위해 고구마나 무를 섞어 밥을 늘리는 가정도 많았다. 마을 어른들을 만나 인사할 때도 요즘처럼 '안녕하세요?'가 아니라 '식사 하셨습니까?'이다. 오전에는 아침을, 저녁에는 '저녁 잡수셨습니까?'라는 식으로 식사 여부를 여쭤보는 게 인사말의 주류가 되었다.

보통 3대가 함께 사는 집안의 식탁도 조부모상, 부모상, 그리고 자녀들과 함께하는 밥상이 각각 차려지는 등 복잡한 준비로

부녀자들의 번거로움이 적지 않았다. 식사도 윗사람부터 먼저 드는 게 생활화되어 아이들은 그런 모습을 보고 배우며 자랐다. 밥상을 앞에 두고 이야기하는 것도 금기시하였다. 입에서 침이나 음식이 튀어나올 우려도 있지만 가급적이면 식사 시간을 단축시켜 농사일하는 데 많은 시간을 할애하려 애썼다.

이런 밥상 문화에 길든 사람은 커서도 그 버릇을 쉽게 버리지 못한다. 어려웠던 시절의 식탁은 질을 따질 겨를도 없이 차려주는 것만으로도 감사한 일이다. 못 먹고 굶는 사람까지 있는데 한 끼를 마주할 수 있다는 게 얼마나 큰 행복인가. 땀 흘려 추수한 우리 곡식으로 지은 성찬인데 그 무엇을 더 욕심 부리랴. 어른들은 밥상 앞에서 잔소리 늘어놓는 걸 무척 싫어하셨다. 식탁에서 이런저런 투정을 부리면 복이 나간다고도 하였다.

나는 이때부터 음식을 대하는 나만의 자세를 가지게 되었다. 있으면 있는 대로, 주면 주는 대로 감사하며 먹는 것이 습관으로 굳어진다. 못살던 시절에 비하면 지금은 얼마나 풍족한 세상인가. 음식을 준비하는 여성들의 노고까지 생각하면 반찬 투정 같은 것은 상상하기 힘들다. 요사이는 못 먹어서 문제가 생기는 게 아니라 너무 많이 먹고 비대해져서 고민들이다. 칼로리 높은 음식물을 과다 섭취한 데서 오는 과체중을 줄이기 위해 온갖 노력을 다 기울인다.

있는 대로, 주는 대로의 내 고집이 잠시 흔들린 적이 있다. 결혼한 지 한참 지난 어느 날, 시골서 올라오신 어머니께서 하신 말씀이 지금도 잊히지 않는다. 3남 3녀 중 그런대로 산다는 우리 집에 오시면 가끔 "너희들은 사는 것은 괜찮은데 먹는 게 왜 이 모양이냐?"고 말씀하셨다. 생활 형편에 비해 식탁이 변변치 못한 데 따른 충고이지만 맞벌이 부부의 바쁜 일상을 모르지 않기에 그리 괘념하지는 않았다. 밥 한술 뜨고 출근하기도 바쁜 와중에 반찬 같은 데 신경 쓸 겨를은 조금도 없었다.

차츰 이런 분위기에 젖다 보니 예상 못 한 일이 나타난다. 남편의 잔소리에 비례하여 부인의 반찬 솜씨가 나아진다는 건 수긍 가는 말이다. 집안 식구들의 입이 까다로우면 까다로울수록 주부의 반찬 실력은 향상될 수밖에 없다. 밥을 제대로 먹도록 하기 위해서는 어머니의 노고가 뒤따라야 함은 물론이다. 아이들도 나를 닮아 식탁에 앉으면 있는 그대로에 무척 익숙해져 있다. 있으면 있는 대로, 주면 주는 대로가 우리 집 식탁의 기본자세가 된 지 오래다.

언젠가 서울 사는 아들 집을 방문한 적이 있다. 내외가 직장생활을 하고 있어 바쁘다는 사정은 잘 알지만 식탁의 황량함이 우리와 흡사한 데 놀랐다. 모처럼 들른 부모님에게 정성을 기울인 것이 이 정도이니 평소 식탁이 얼마나 썰렁했을지 짐작이 간다. 부모로부터 보고 익힌 버릇인데 어찌 닮지 않을 수 있으랴. 우리끼리야 별문제 없을지 몰라도 어쩌다 친척이나 지인이 찾아올 때는 아무래도 신경이 쓰인다. 돈을 절약하기 위해서 벌이는 구두쇠라고 오해받을까 봐 저어되기 때문이다.

있는 대로 주는 대로가 환영받는 곳도 있다. 대기업에 근무할 당시 수백 명이 사용하는 회사식당에는 악명 높은 간부가 몇몇 있었다. 음식의 간이 맞지 않거나 밥이 질기라도 하면 영양사를 불러 꼭 질책을 한다. 어느 간부가 부르냐에 따라 놀라움의 강도는 차이를 보인다. 후한 식성에다 칭찬을 아끼지 않는 나를 영양사가 제일 좋아하였음은 말할 나위가 없다.

공공 식당에서 유별난 사람을 보았다. 중소기업의 임원으로 있을 때 사장과 그의 형제들은 음식점의 공포 인물로 널리 알려져 있었다. 회식 자리의 간부들은 음식 맛을 즐길 겨를도 없이 사장의 고함 소리에 좌불안석이다. 자리에 앉자마자 음료수와 음식을 빨리 달라고 소리치는 것은 예사요, 밥이나 반찬이 조금 늦기라도 하면 호통을 친다. 어떨 때는 식당 주인이나 여종업원을 불러 세워놓고 야단을 치는데 그들이 돌아서서 눈물을 보이기도 하였다.

음식을 앞에 두고 잔소리하면 복이 나간다는 말은 여전히 유효하다. 먹거리가 우리 앞에 놓이기까지 기울인 여러 노고를 생각하면 불만족스런 게 무에 있으랴. 먹는 일은 삶에 있어 가장 기본이 되지만 너무 집착하다 보면 여타 중요한 일을 간과할 수 있다. 먹는 것의 질량에 기울이는 욕심보다는 삶의 질을 풍성하게 만드는 게 더욱 값지지 않을까. 식탁 앞의 불평은 고마움을 망각한 배부름에서 나오는 투정이라고 믿는다. '있는 대로 주는 대로'는 나의 오래된 음식관이자 우리 집의 전통으로 쉬이 사라지지는 않을 것 같다.

(그린에세이 14호, 2016. 3・4월호)

아내의 미소

이게 얼마 만인가. 36년이란 장구한 세월이 흘러 다시 J호텔을 찾았다. 동백섬 입구에 있는 숙소에서 바라보면 앞쪽으로는 해운대 해수욕장이, 뒤쪽으로는 동백섬 입구가 훤히 내려다보인다. 여름 휴가차 들른 이곳에서 며칠 동안 여유롭게 쉬면서 유수처럼 지나버린 신혼 시절을 회상하고 있다.

대학원 졸업 후 한동안 어느 연구단체에서 활동한 적이 있다. 이곳에서 은사이신 P 총장님은 기회가 있을 때마다 "성 선생은 내가 중매해 주마."라고 말씀하셨다. 주변 지인들로부터 아가씨 소개가 더러 있었지만 교수님의 제안에 기대를 걸고 싶었다. 양쪽 제자를 자세히 알고 계시기에 더욱 신뢰가 갔다. 아내에게는 대학 은사요 나에게는 대학원의 지도 교수였기에 두 사람의 학창 생활을 가까이서 지켜본 교수님의 배려는 여간 고마운 게 아니었다.

평소 교수님이 나에게 희망하는 여성상을 물어올 때마다 나는 두 가지 조건을 말씀드리곤 했다. 가능하면 현직 교사이고 두

뇌가 좀 빼어나면 좋겠다고 하였다. 가정 형편이야 별로 문제 삼을 바 아니다. 두 사람이 애써 노력하면 우리가 원하는 행복한 가정을 반드시 이룰 수 있을 거라는 믿음이 강했기 때문이다. 이 조건에 맞아떨어지는 사람이 지금의 아내였고, 그 기대를 현재까지 충족시켜 나오고 있음을 언제나 고맙게 여긴다.

교수님의 주선으로 나는 그날 두 명의 여선생님을 만날 수 있었다. 지금의 아내는 오전에, 그리고 고교 교사인 다른 여성은 오후에 만났다. 두 사람 모두 내 관심을 끌기에 흡족하였다. 하지만 나는 주저하지 않고 오전의 여성을 선택하였다. 교수님의 표정은 좀 달라 보였지만 내가 평소 염두에 둔 타입은 분명 지금의 아내 쪽이었다.

결혼 초기 우리의 생활은 무척 바쁘게 돌아갔다. 대기업에 몸담은 나와 교편 생활하는 아내의 일상에는 이질적인 요소가 너무 많았다. 업무 내용은 물론이거니와 퇴근 시간이 다르고, 휴가 시기도 달라 일정 맞추기가 쉽지 않았다. 이런 상황 속에서 결혼의 번거로움을 따지고 절차를 지키기는 힘이 들었다. 가능하면 서로의 이해 속에서 편리하게, 또 간소하게 하자는 데 의견이 모아졌다. 부족한 부분은 살아가면서 점차 보완하면 된다는 생각으로 가정과 사회생활에 온 힘을 기울였다.

신혼여행도 이것저것 깊이 따질 여유가 없었다. 누가 먼저 부산으로 가자고 제안한지도 기억나지 않는다. 모든 일들은 그때의 편의에 맞춰 진행될 수밖에 없었다. 예식장에서 고속버스 터미널까지는 회사 승용차로, 부산까지는 고속버스를 이용한 기억만 어렴풋이 남아있다. 해외나 제주도 같은 여행은 상상조차 못했다.

이곳에 오니 평소 잊고 있었던 옛일이 되살아난다. 시골서 자라 도시로 나온 내가 고급 호텔에 투숙한다는 건 상상조차 할 수 없는 일이다. 대학생 티를 겨우 벗은 직장 초년병의 머리에는 값싸고 실용적인 것만 가득하였다. 돈을 아끼겠다는 생각으로 호텔이 아닌 일반 식당의 저렴한 식사를 제안하는가 하면, 포장마차에서 군것질을 청한 것은 내 서투름의 소치이다. 신혼 여행지에서 가지는 부푼 기대를 제대로 읽지 못하고 실망만 안겨 주었으니 아내는 얼마나 속이 상했을까. 토라진 마음을 돌리느라 애쓴 그날을 생각하면 지금도 쓴웃음이 나온다.

결혼 후 참 긴 세월이 흘렀다. 그동안 우리에게 어떤 변화와 발전이 있었는가. 결혼 초에 가졌던 다짐은 잘 지켜지고 있는가. 오해에서 빚어진 반목은 없었는가. 결혼을 후회해 본 적은 없는가. 교수님이 맺어준 인연의 끈이 조화롭게 유지되고 있는가. 두 사람의 직장생활 40년은 후회 없이 성공적으로 마무리되었는가. 지난 일들이 꼬리를 물고 뇌리를 스친다.

언젠가 P 교수님에게 여쭤본 적이 있다.

"교수님, 우리 말고 제자 중매를 몇 번이나 하셨습니까?"

제법 많을 거라 기대하고 물었는데 의외의 대답이 나왔다.

"성 선생이 처음이자 마지막이야."

오랜 교수 생활 동안 수없는 제자를 길러냈으면서도 연을 맺어준 사람이 우리뿐이라니 전혀 예상 밖이었다. 이것만으로도 제자 중매가 얼마나 어려운지 짐작할 수 있지 않은가. 우리를 얼마만큼 신뢰했으면 결혼에까지 이르도록 애쓰셨을까. 생각하면 할수록 고마움이 쌓인다.

호텔 창문 너머로 바라보이는 바깥 정경들이 너무도 평화롭다. 알록달록 줄지어 선 비치파라솔, 파도를 타며 노는 피서 인파들. 그런 무리 속에 함께 어울리지 않은들 무슨 대수이랴. 저녁나절 더위가 좀 숙지면 아내와 백사장과 동백섬을 산책하며 도란도란 이야기를 나누고 싶다. 그동안 두 자식 잘 키우고, 직장 다니면서 집안일까지, 일인삼역을 충실히 감당한 아내가 얼마나 고마운지 모른다. 아내 표정이 무척 화사하다. 오늘처럼 환한 미소가 오래 지속될 수 있도록 내 정성 다하리라 다짐해 본다.

(대구문학 제122호, 2016. 9・10월호)

오래된 약속

장관 후보자 인사청문회가 TV로 생중계되고 있었습니다. 명문 대학을 나와 내로라하는 지위에 있는 후보자의 잔뜩 움츠린 모습과 그를 집요하게 물고 늘어지는 의원나리가 가관입니다. 궁색한 변명으로 일관하는 후보자와 자신은 조금도 흉허물이 없는 듯 당당한 기세로 몰아붙이는 국회의원을 보면서 깊은 상념에 잠겼습니다.

대학 졸업 후 70년대 중반부터 사회생활을 시작한 우리 부부에게는 눈코 뜰 새 없이 분주한 날의 연속이었습니다. 자고 일어나면 서둘러 아침을 챙겨 먹고 서로 다른 직장으로 달려가기 바빴습니다. 당시만 해도 아내를 직장에 보내는 남성을 탐탁찮게 여기는 분위기가 만연하였습니다. '남자가 오죽 못났으면 아내까지 돈벌이 시키나?'

이런 따가운 시선을 견뎌내는 남성이 그리 흔치는 않았습니다. 남편의 능력만 믿고 아까운 전문직을 스스로 포기하는 여성도 적지 않았습니다. 나는 아내를 만나기 전부터 직장 가진 여성을 원했었고, 또 가능하면 교직이 좋겠다고 희원해 왔습니다. 중등교사 자격증을 두 개나 가지고 있으면서도 몸담은 학교를 떠나 대기업으로 돌아선 아쉬움을 아내를 통해 보상받고 싶었는지도 모릅니다. 이 같은 마음을 알고 평생 잊지 못할 소중한 인연을 마련해 주신 분은 우리들의 대학 은사이신 P 총장님이십니다.

존경받는 교수님이 어렵게 부부의 연을 맺어주셨는데 그를 조금도 실망시켜서는 안 된다는 의무감 속에서 직장 생활을 슬기롭게 영위해 나갈 수 있는 우리만의 덕목을 찾았습니다. 아내의 학교와 내가 몸담은 대기업을 조화롭게 아우를 수 있는 지혜라고나 할까요. 전혀 다른 두 사람의 일상, 그리고 곧 태어날 자녀, 이 일만으로도 벅찬데 사소한 금전 문제로 신경 쓰거나 얼굴 붉히는 일이 없도록 하자는 데 쉽게 의견이 모아졌습니다.

'돈은 우리에게 행복을 안겨주기도 하지만 잘못하면 불신과 다툼의 원인이 된다.'

'직장 생활하는 동안 돈 문제는 투명하게 하며 부정한 돈과는 상종하지 않는다.'

이게 바로 우리 부부의 금과옥조金科玉條가 되었습니다. 그때만 해도 학부모들이 교사에게 촌지를 건네 사회 문제가 된 적이 더러 있으며, 대기업의 주요 보직에 있은 나에게도 유혹의 손길이 없지 않았습니다. 돈 문제의 중요성을 일찍 간파한 우리 부부는 이 문제만큼은 한 점 숨기지 않고 서로 의논하며 바르게 지키기로 굳게 약속하였습니다. 두 사람이 직장 생활 40여 년을 성공적으로 마무리 지을 수 있는 힘의 원천은 바로 돈의 투명성과 올

바른 생활관이라고 자신 있게 말할 수 있습니다.

대기업에서 정년을 마친 후 짧은 기간이나마 교육세에 몸담고 있는 내가 항상 자신감과 활력을 가질 수 있는 것도 청렴성 덕분입니다. 청렴은 정직과 더불어 치열한 생존 경쟁에서 이길 수 있는 최고의 수단이자 가치라고 생각합니다. 부정한 돈은 가계에 보탬이 되기는커녕 평생 죄책감에 시달리게 하고 끝내는 심신을 황폐화하는 암적 요소일 뿐입니다.

일시적으로 다가오는 검은돈의 유혹을 뿌리친 보람이 얼마나 큰지를 요즘에 와서 더욱 절실히 깨닫게 됩니다. 정직하지 못한 돈은 언젠가는 부메랑이 되어 인생의 발목을 잡기 마련입니다. 대기업에 근무할 당시 곁눈질했던 동료들의 씁쓸한 퇴장을 볼 때마다 내가 걸어온 길이 얼마나 자랑스러운지 모릅니다.

어려운 관문을 뚫고 사회 초년병이 되던 날, 두 자녀들에게도 청렴과 정직성을 생활신조 삼아 굳게 지키도록 단단히 당부해 두었습니다. 한때의 실수는 평생을 좌우합니다. 작은 탐욕이 큰 화를 부릅니다. 남을 비난하기에 앞서 스스로를 돌아보는 지혜, 그리고 부정한 돈과의 교제는 패가망신으로 이어진다는 점을 가슴에 새긴다면 우리 사회가 조금은 더 밝아질 거라 믿습니다.

(대구문학 제117호, 2015. 11・12월호)

주례가 뭐길래

결혼식 주례를 서보고 싶은 충동이 일 때가 가끔 있다. 예식장을 드나드는 횟수가 잦아질수록 그런 생각은 더욱 부풀어 간다. 남들은 형식적인 주례사라 그냥 지나칠지 몰라도 나는 소홀하게 넘기지를 않는다. 설령 예식장에 소속된 전속 주례의 통상적인 주례사일지라도 삶의 노정에서 가장 중요한 출발을 하는 신랑・신부에게 주는 말은 그만큼 애정과 정성이 담겨있기에 들을수록 묘미가 있다. 내가 만약 저 자리에 섰다면 어떤 유익한 말을 그들에게 줄 수 있을까를 머릿속으로 그리면서 귀 기울이니 지루하지도 않고 흥미도 배가 된다. 말을 풀어 나가는 솜씨가 맛깔스럽고 하객들을 사로잡을 만큼 재치가 흘러넘치는 주례사를 들으면 기분이 상쾌해진다. 그렇다고 진실성이나 진지함이 결여된 흥미 위주의 주례사를 기대하는 것은 물론 아니다.

이에 비해 신성한 결혼식장에서 종종 나타나는 하객들의 그릇된 자세는 반성할 점이 있어 보인다. 예식이 시작되기가 무섭게 우르르 떼 지어 식당으로 빠져나가는 군상에서부터 예식장

입구의 무질서와 잡담들은 가히 절정을 이룬다. 축하해 주러 온 자리에서 어쩌자고 이처럼 큰 소리로 떠들어댄단 말인가. 내가 만약 주례를 서게 되면 이들의 무례함을 그냥 지나치지 않을뿐더러 소란을 잠재울 수 있는 솜씨까지도 본때 나게 펼쳐 보이고 싶다.

나는 결혼식 때 주례 선생님이 들려주신 주례사를 여태껏 기억하고 있다. 대학의 존경하는 은사를 주례 선생님으로 모셨기에 나에 대한 풍부한 정보는 신부에 견줄 바가 못 되었다. 신부의 출신 학교나 직업, 그리고 가문 정도는 기본이어서 언급하는 데 별 무리가 없었다. 하지만 신랑인 나에 관해서는 너무도 속속들이 알고 있어 이야기 전개가 한편으로 치우칠 수밖에 없었는지 모른다. 대학 일학년을 마치고 이학년이 되면서 학과를 옮긴 사실까지 언급하면서 사물을 보는 식견과 사회복지에 관한 애정이 남다르다는 등의 찬사를 늘어놓아 듣는 나조차 민망스러울 지경이었다. 예식이 끝난 후 양가 어른들이 만난 폐백 자리에서 주례의 불공평함을 신부 측이 성토(?)하여 한바탕 웃음꽃이 피었다는 이야기를 들었지만 내게는 영원히 잊히지 않을 인상 깊은 주례사로 남아 있다.

내가 속한 모임의 회원 중에는 이미 주례의 높은 경지에 오른 사람이 몇몇 있다. 두세 살 아래인 H 판사, 역시 나이가 나보다 적은 현직 교수 K씨의 요즘 일요일은 여간 바쁘지 않다. 결혼 시즌이 되면 하루에도 두세 차례 주례를 설 때가 있다고 하니 그들의 행보가 한결 돋보인다. 후배인 S 교수는 사십 대 중반서부터 제자들의 주례를 서기 시작하더니 이제는 거의 꾼의 수준에 올라있다. 한번은 호기심을 갖고 접근한 나에게 주례사 내용이 어떠하며 주례비는 보통 얼마이고 어떨 땐 받은 금액보다 지출이 훨씬 능가한다는 등의 이야기를 들려준 적이 있다. 이 같은 주례의 후일담을 들을 때는 누구보다 모범적인 삶을 산 증표인 듯하여 무척 부럽게 여겨진다. 나는 오늘날까지 어떤 삶을 살아왔기에 그토록 서고 싶은 주례석의 근처에도 가보지 못했는지 스스로를 돌아보기도 한다.

오래전 어떤 친척 결혼식장에서의 일이다. 주례인지 사회인지 분간조차 어려울 정도로 새파란 사람이 주례석에 등장하기에 처음에는 무척 의아하게 생각하였다. 어떤 직업의 인사인지, 출세가도를 얼마나 빨리 달려왔으면 저만한 나이에 주례석에 설 수 있을까. 단정하게 깎은 스포츠형 머리에다 건장한 체구는 자칫 뒷골목 세계를 연상하리만치 주례로서는 어울리지 않아 보였다. 말솜씨도 별로인 데다 인생의 경륜도 배어나지 않는 저 정도의 주례사라면 난들 하지 못하랴. 나중에 안 사실이지만 젊은 주례는 신랑이 모 대학 야구 선수로 있을 때의 감독이라고 하였다. 그의 나이 겨우 삼십 대 후반, 인생을 제대로 경험하기에는 짧은 연륜이지만 나로서는 부럽기 그지없었다.

궁금한 나머지 인터넷을 뒤져 주례와 관련된 내용들을 살펴보았다. 결혼 주례협회가 대여섯 개나 되고, 오래 기억될 수 있도록 모범 주례사를 만드는 데 필요한 조언의 글도 눈에 뜨인다. 혹시 나 같은 사람이 끼어들 틈새가 있나 자세히 읽어보니 교장,

교수, 박사가 주류를 이루고 있다. 연기자, 아나운서, 시인, 교사도 간간이 보인다. 다들 한 시절을 풍미한 분들이어서 인생의 새 출발 선상에 선 신혼부부들에게 축복과 격려를 줄 수 있는 명사들임에 손색이 없다.

내가 지나온 족적들을 더듬어 본다. 주례의 구비 요건에 해당하는 요소가 하나라도 있기나 한 것인지. 부, 권력, 지위, 명예, 어느 것 하나도 시원하게 다가오는 게 없어 답답할 뿐이다. 남을 속이지 않고 이웃에 피해 주지 않으며 인생을 열심히 살기는 산 것 같은데 뚜렷하게 손에 잡히는 업적이 보이지 않으니 이를 어찌하겠는가. 법조인은 화려한 권력의 영향으로, 교수나 야구 감독은 제자를 잘 지도한 명예 덕분에 이런 뜻깊은 자리에 서겠지만 나는 이도 저도 아닌 무관의 몸인지라 한결같이 서고 싶은 주례의 길은 더욱 아득하게만 느껴진다.

(수필세계 제13호, 2007. 6.)

함께 쌓는 유토피아

"송 사장님, 알바 출근하였습니다."

늦은 오후에 가끔 들르는 데가 있다. 아내가 경영하는 조그만 카페가 바로 그곳이다. 개업한 지 일 년에 가까워 온다. 장구한 세월 동안 직장에만 몸담았던 우리가 이렇게 작은 가게를 꾸려 나갈 줄 상상이나 하였으랴. 아내와 차 한 잔을 앞에 놓고 늘그막에 찾아온 여유를 소중하게 가다듬고 있다.

우리가 결혼한 지도 사십 년이 다 되어 간다. 세월이 언제 이렇게 빨리 흘러갔나 싶을 만치 눈 돌릴 틈도 없이 한순간에 지나가 버렸다. 제자의 중매는 잘 서지 않는다는 통념을 깨트리고 존경하는 교수님이 우리의 연을 맺어 주셨다. 가능하면 교단에 계신 분이면 좋겠다고 말했더니 맘에 쏙 드는 여선생님을 소개해 주신 걸 언제나 고맙게 생각한다.

결혼 당시만 하더라도 여성이 직장 생활을 지속하는 데는 여러 난관이 뒤따랐다. 남자가 오죽 못났으면 아내까지 돈벌이 시키느냐는 식의 비아냥거림도 들었다. 결혼과 동시에 아까운 전문직을 떠나는 여성도 숱하게 보았다. 나는 이렇게 보수적인 분위기를 이겨내기 위해 남다른 노력을 기울여야만 하였다.

우리에겐 이질적인 요소도 없지 않았다. 교사인 아내와 대기업 사원인 나 사이의 간극은 생각보다 깊었다. 업무의 성격에서부터 출퇴근 시간이 다르고, 휴가 시기와 기간이 달라 동반 계획을 세우는 데도 어려움이 있었다. 매일 아침 갓난아기를 처가에 맡긴 후 출근하고, 먼저 퇴근하는 사람이 집으로 데려오는 일을 얼마나 오래 한 지 모른다.

이런 바쁜 와중에서도 우리가 굳게 다짐한 게 있다. 금전 문제는 언제나 투명하게 관리하며 부정한 돈과는 절대 상종하지 않는다, 정직과 성실을 바탕으로 곁눈질하지 않고 오직 정도正道로만 걷는다, 가정이나 사회에서 서로가 지닌 능력을 마음껏 발휘할 수 있도록 적극 돕는다, 이런 약속을 충실히 실천한 덕분에 오늘처럼 유한有閑한 날을 맞을 수 있는 것이다.

만난萬難의 시기를 슬기와 협조로 극복한 우리 앞에는 이제 순탄한 길이 펼쳐지는 듯싶다. 고생 끝에 낙이 온다는 말이 결코 허언이 아니다. 세상 사는 동안 정직과 성실이 최선의 길임을 절실히 깨닫는다. 두 사람 공히 40년 직장 생활을 무사히 마치고 명예롭게 퇴직한 것을 으뜸 행복으로 꼽는다.

우리는 틈날 때마다 퇴직 후의 일들을 의논하였다. 누구나 맞닥뜨리는 은퇴 앞에 허둥대지 않으려면 사전 준비가 필요하다. 나는 평소 즐기는 글쓰기에 더욱 정진할 것이다. 지금까지 두 권의 수필집을 냈고, 머잖아 한두 권의 책을 더 출간하기 위해서라도 작품 활동을 꾸준히 전개해 나가려고 한다. 지혜의 곳간이 비지 않도록 독서와 영어 회화, 사회 교육의 기회를 지속적으로 가지면서 각종 단체의 재능기부 강의도 열심히 수행할 예정이다.

지나친 여유는 사람을 나태하게 만들 수도 있다. 정년퇴직 후 얼마간 친구들과 여행을 즐기던 아내도 항구적인 취미생활 찾기에 바쁘다. 적성에 맞는 소규모 카페를 운영하고픈 바람도 종종 내보인다. 하지만 큰돈 들어가는 사업은 금물이다. 경험이 전혀 없는 우리가 목돈을 한꺼번에 날릴 위험도 있기 때문이다.

이런저런 궁리를 하고 있던 차에 아내가 깜짝 사실을 공개한다. 이렇게 빨리 성사시킬 줄은 몰랐다. 집에서 좀 떨어진 곳의 작은 카페를 인수한 것이다. 나와 제대로 상의하지 않고 추진한 걸 미안해한다. 하지만 한평생 교단에서 고생한 아내가 좋아하는 과제를 찾은 것은 환영할 만한 일이다. 한 달여 열심히 현장실습하더니만 이제는 웬만큼 적응이 되었는지 한결 밝은 모습을 보인다.

매일 일정 시간에 출퇴근하는 아내에 비해 나의 출근은 불규칙하다. 틈이 나면 저녁 시간에 이따금 가게로 나간다. 일선에서 은퇴한 사람에게 하루의 일이 있다는 건 흔치 않은 사례이다. 카페의 한 자리를 차지한 채 손님맞이 마중물 노릇을 톡톡히 한다. 실내에서 '여보'라 호칭하거나 알바인 주제에 사장 영역을 넘봤다가 핀잔을 들을 때도 있다.

초기에는 매출량에 꽤 신경이 쓰였다. 아무리 태연한 척해도 가족이 꾸려나가는 하나의 사업인데 초연해지기는 힘든 법이다.

겨우 번 돈이 월세로 다 나간다면 곤란하다. 당일 실적에 일희일비一喜一悲하지 않고 정성을 기울이니 차츰 나아지고 있다. 출근하는 아내에게 "오늘 돈 많이 벌어 저녁에 소고기 사 묵자."는 농담을 건넬 정도로 여유도 찾았다.

오랜 직장 생활 끝에 찾아온 연금은 우리를 지켜주는 든든한 버팀목이다. 카페가 유일한 생존 수단이라면 얼마나 많은 스트레스를 받을지 모른다. 치열한 경쟁의 영업장이 아니어서 손님들이 보다 편히 지낼 수가 있어 좋다. 종종 찾아오는 친구들이 마음 놓고 쉬어가기도 한다. 아내는 오랜 소망을 이루어서 즐겁고, 나에겐 훌륭한 독서 공간이 되는 이곳보다 더 나은 유토피아가 어디 있을까 싶다.

(대구의 수필 제13호, 2017년)

2부

꿈이 유죄인 걸

성 고문은 싫어
고추야, 제발
과학교육원의 봄
꿈이 유죄인 걸
나의 살던 고향은
버스 안에서
오해
'전노자' 유감
테니스가 좋다
프로의 가치
주례를 서다

성 고문은 싫어

'고문'의 사전적 의미 중에서 두 가지를 고르면 다음과 같다. '죄를 지은 혐의가 있는 사람에게 자백을 강요하기 위하여 육체적 고통을 주며 신문함'을 뜻하는 고문拷問이 있는가 하면, '자문에 응하여 의견을 말하는 직무, 또는 그런 직무에 종사하는 사람'을 일컫는 고문顧問이 있다. 전자는 부정적인 선입견을 가질 수 있는 달갑잖은 단어라 할 수 있지만 후자는 거부감이 없고 무게까지 느껴져 듣고 싶은 호칭이라 할 만하다. 하지만 남들은 별생각 없이 사용하는 이 말이 나에게 있어서는 또 다른 고민을 안겨주는 스트레스가 되고 있다면 얼른 이해가 갈지 모르겠다.

알다시피 내 성姓은 창녕昌寧 성가成哥이다. 요즘은 반상班常을 잘 따지지 않지만 예전에는 가계 혈통을 두고 이러쿵저러쿵 여러 이야기가 자주 회자되었다. 말을 잘 듣지 않고 부랑된 행동을 하는 아이에게는 가차 없이 '씨 상놈'이라며 질책을 하였고, 혼인을 할 때도 '양반 집안이네 상놈 집안이네'라며 많이 따지기도 하였다. 일방적인 주장인지는 몰라도 창녕 성가는 혈통이 올곧은 양반 집안이라는 소리를 자주 들으면서 자랐다. 그런 자부심에 충만한 내가 요즘 들어 성씨 문제로 곤란한 처지에 빠진 경우가 있어 하소연이라도 하고 싶은 심정이다.

한창 혈기 왕성한 시절에는 이런저런 모임에서 대표 자리도 많이 차지하였다. 물론 지금도 회장 직책을 수행하는 곳이 있지만 나이 들면서 회장 임기를 마친 후 규정에 따라 고문으로 지위가 바뀌는 경우가 더러 생긴다. 앞서 설명처럼 후배들의 자문에 응하는 위치에 있는 고문顧問이라면 별다른 이의가 없을 테지만 내 경우에는 여느 사람들과 사뭇 구별되는 게 있어 문제인 것이다. 특히 요즘처럼 성폭력이 빈발하고 성범죄가 기승을 부리는 때여서 더욱 촉각이 곤두설 수밖에 없다.

고문顧問이라는 직책 앞에는 당연히 성씨姓氏가 등장한다. 김 고문, 이 고문 정도면 무슨 걱정이 있으랴만 직책 앞에다 내 성씨를 얹어버리면 의미는 좀 아리송해진다. 상대방은 당연히 성成 고문顧問이라는 의미로 호칭하였겠지만 듣기에 따라서는 전혀 엉뚱한 느낌으로 다가올 수 있으니 난제이다. 어감도 그리 호락호락하지만은 않다. 마치 성범죄라도 저지르는 문제의 성性 고문拷問으로 희화되기에 안성맞춤이다. 전혀 친분이 없는 낯선 집단 속에서 '성 고문'이라고 크게 불렀을 때 다른 사람들이 가질 수 있는 당혹감을 짐작할 수 있을 터이다.

그런 연유로 나는 고문이 되기보다는 차라리 회장 자리에 오래 머물렀으면 하는 바람을 종종 가진다. 회장을 지낸 사람에게 주어지는 고문 규정이 조금도 달가울 리가 없다. 아니면 고문 대신 자문이란 칭호를 주면 어떨까 하는 욕심까지 생긴다. 호칭이란 부르는 사람이나 불리는 사람 모두가 선호하고 거부감이 없어야 함은 물론이다. 타고난 성씨를 어찌할 도리야 없지만 성범죄의 장본인처럼 여겨지는 오명의 굴레에서 벗어나는 길이 없을까 하고 남다른 고민에 빠질 때가 있다.

(대구대신문사 총동문회보 제20호, 2013년 송년호)

고추야, 제발

나의 정성이 부족하기 때문일까. 희망 전부를 고추에게 쏟아붓고 있는 지금의 내 모습에 가끔 놀라곤 한다. 내가 언제부터 이토록 고추 가꾸는 일에 심혈을 기울이게 된 것일까. 동물에게 기울이는 정성 못지않게 식물에게도 인간의 사랑이 깃들어야만 제대로 성장하는 것이라는 평범한 진리를 시험해 보고 있다.

객지에서 직장 생활하는 아이들이 시나브로 보내오는 선물 중에는 스티로폼 박스에 담겨 오는 것이 더러 있다. 얼마 전에는 귀한 전복을 보내왔는데 내용물을 끄집어 내고 나니 튼튼한 스티로폼 박스가 남았다. 박스를 내다 버릴까 궁리하다 문득 집에서 가꾸는 풋고추에 생각이 닿았다. 여름철 반찬 중에 고추나 상추만 한 게 어디 있던가. 넓은 베란다의 한쪽 귀퉁이에다 스티로폼을 활용한 쌈지 밭을 만든 후 고추나 가지를 길러보리라 마음먹었다.

집에 보관하고 있는 스티로폼 박스에다 바깥에서 몇 개를 더 구해와 경작 채비를 갖췄다. 박스마다 부토를 가득 채워 베란다의 가장자리에다 비치해 두고 무엇을 심을까 궁리한 끝에 고추와 가지로 마음이 모아졌다. 어릴 적 농촌에서 부모님을 따라 농사지어 본 경험은 있지만 도회지에 살면서 채소재배에 눈 돌린 경우는 이번이 처음이다. 어깨 너머로 바라본 경험에만 의지하여 용감하게 뛰어들었지만 실제로 이행하려니 어느 것 하나 낯설지 않은 게 없다.

시장 어귀에 있는 모종 가게를 찾아가 고추 다섯 포기와 가지 세 포기를 사다 심었다. 일정 간격을 유지하면서 쓰러지지 않도록 지지대도 세웠다. 행여나 죽을세라 고추 살피는 일이 나의 중요한 일과처럼 되어 버렸다. 돌아서면 보고 싶고, 보면 또 얼마나 자랐는지 궁금하여 잠시도 견딜 수가 없었다. 하찮은 식물에 이처럼 정성을 쏟아본 적이 지금까지 한 번도 없다. 옛 경험에 비추어 보면 거름도 주고 비료도 준 게 기억나 이제는 영양 보충에도 신경 쓰게 되었다.

야채 기르는 데 잔뜩 호기심을 가지면서 지원을 아끼지 않는 아내에게도 나의 재배 실력을 과시하고 싶었다. 누가 무어라 해도 나는 농촌에서 성장한 자랑스러운 농부의 아들이 아니던가. 이제부터는 고추를 속성 재배하는 나만의 비법 찾기에 분주하였다. 농촌에서처럼 퇴비를 구할 수 없는 대신 사람 몸에서 나오는 배설물에까지 생각이 이르렀다.

페트병을 가위로 잘라 담을 그릇을 만들고, 밤중을 택해 고추물(?)을 고이 모아 영양 보충을 시켰다. 애송이 단계에 머무르고 있는 고추에다 고품질의 영양제를 주었으니 무럭무럭 자랄 일만 남았다며 미소까지 지었다. 어차피 주는 김에 많이 주면 더욱 빠르게 성장할 줄로만 여기고 듬뿍 부어주는 욕심까지 부렸다. 하지만 이를 어쩌면 좋단 말인가. 고추는 영양분을 섭취한 그날부터 시름시름 앓기 시작한다. 죄지은 사람처럼 고개를 푹 숙이고 있는 모습이 여간 안타까운 게 아니다. 화초 가꾸는 일에는 나보다 한 수 위라 자부하는 아내에게 시드는 원인을 물었다가 된통 핀잔만 들었다.

"당신 농촌 출신이 맞아요? 농사일이라면 항상 자신이 있다던 사람이 고추를 어떻게 이 지경으로 만들어 놓을 수 있어요?"

욕을 먹어도 대꾸할 말이 떠오르지 않는다. 평소 농촌 일에는 언제나 자신 있다고 큰소리쳐온 내가 이렇게 초라해질 수 있단 말인가. 깊은 고민에 빠졌다. 아무리 생각해도 몰래 부은 고추물이 문제일 성싶었다. 답답한 나머지 이 사연을 내가 가입한 문학카페에 올렸더니 원예전문가인 한 문우가 조언의 댓글을 주었다. 고추에다 사람의 오줌을 주는 일은 금물 중의 금물이라고 하였다. 말라죽는 이유가 바로 오줌임을 뒤늦게 알았지만 돌이킬 수 없는 노릇이다. 그것도 많이 뿌려줄수록 더 빨리 자랄 거라 여기고 과욕까지 부렸으니 어린 모종이 견디기는 힘들었을 터이다. 나의 무지로 인해 애꿎은 고추만 희생시킨 듯해 미안하기 그지없다.

부리나케 시장에 나가 고추 모종을 다시 사다 심었다. 짙게 배었을 고추물의 독성을 희석시키기 위해 물도 푸근하게 부었다. 잎이 시들해지면 어김없이 달려가 수분을 공급해 주면서 온 정성을 다 기울여 나갔다. 옛날부터 벼는 사람의 발자국 소리를 듣고 성장한다고 하였다. 그만큼 사람의 정성 어린 손길이 있어야만 식물도 제대로 자랄 수 있다는 의미일 터이다. 고추나무에서 꽃이 피는 모습을 바라보고 있노라면 짙은 행복감에 젖는다.

하지만 이 일을 어쩌랴. 무슨 영문인지 고추는 좀처럼 잉태의 조짐을 보이지 않는다. 보통 꽃이 피고 나면 뒤이어 작은 고추가 얼굴을 내미는 법인데 도무지 미동을 않으니 조바심이 인다. 내가 사는 13층 아파트가 너무 높기 때문일까. 아니면 이미 옮겨온 토양이 고추와는 맞지 않는 것일까. 이웃해 있는 고추와 가지가 제대로 융화할 수 없는 사이라도 되는 것인지 온갖 생각이 다 든다. 고심을 거듭한 끝에 고추포기 곁으로 다가가 귓속말로 내 염원을 간절히 전하였다.

"네 원하는 걸 모두 해 줄 테니 제발 싱싱한 고추를 주렁주렁 매달아 다오."

내 말을 알아들었는지 않았는지 불어오는 산들바람에 고춧잎만 나풀거린다.

(죽순 제46호, 2012년)

과학교육원의 봄

이토록 봄볕이 따스할 수가 없다. 매년 맞이하는 봄이건만 올해의 봄은 여느 해보다 사뭇 다르다. 모든 게 만족스럽고 분에 넘치는 환경인 듯 여겨져 입 밖에 내놓기조차 조심스러울 지경이다. 뒤로는 범어산의 푸름이 향기를 더해주고 앞쪽에는 전국에서 몰려든 영재들의 배움터인 대구과학고가 있으며, 옆으로는 자라나는 새싹들이 꿈을 키울 수 있는 어린이회관이 자리한 곳, 바로 과학교육원에서 맞이하는 눈부신 봄을 어찌 노래하지 않을 수 있으랴.

내가 이곳으로 옮겨온 지는 몇 개월밖에 되지 않는다. 집에서 멀지 않는 중학교에서 학생들을 지도해 오다가 급작스런 제도의 변경으로 맘을 돌렸지만 아쉬움이 여간 큰 게 아니다. 천 명에 가까운 학생들 대부분을 기억하면서 그들의 원만한 학교 적응을 도운 보람이 무척 컸다. 그들과 쌓은 도타운 정 때문에 헤어짐이 너무도 싫었지만 다시 그들의 동년배 학생들과 교분을 나눌 수 있는 기회가 생겼다는 것은 매우 다행한 일이다.

나의 직장 생활 경력은 거의 40년에 가까워 온다. 대학을 졸업하고 가진 첫 직업은 중학교 교사였다. 교육 현장은 남다른 능력과 사명감을 갖지 않고는 적응하기 어려운 곳이기도 하다. 학교생활의 부담에서 벗어나고자 대기업으로 향했지만 여태까지 교단의 향수를 잊은 적은 한 번도 없다. 요즘은 여건이 많이 달라졌지만 당시만 해도 대기업은 학교 선생님보다도, 또 공무원보다도 인기가 높았다. 직장 환경은 물론 대우 면에서도 비교가 되지 않을 정도였다. 하지만 시대에 따라 인기 직종이 바뀌는 것은 피할 수 없는 현상인가 보다. 공과 계통 전공자가 입도선매되다시피 잘 팔리던 적이 있었는가 하면 요즘은 치열한 경쟁 속에서 모두가 의사 되기를 갈망하고 있지 않은가.

그동안 몸담았던 직장을 꼽아 보니 한 손으로는 부족할 지경이다. 사회생활 초기에는 한 번 몸담은 직장에서 정년을 맞이하는 소위 평생직장을 최고의 덕목으로 여겼다. 전직轉職은 몸담은 직장에 대한 배신행위처럼 터부시되던 시절이었으니 어찌 격세지감이 일지 않으랴. 한때 인기가 낮았던 공무원이나 교사들은 지금 누구도 넘볼 수 없는 안정된 직장에서 여유로운 정년을 맞고 있다. 기업체에서 은퇴한 사람에게는 꿈도 꾸기 어려운 일이다. IMF 후에는 불안한 경제 사정으로 직장을 옮겨야 하는 경우가 얼마나 빈번했는지 모른다.

중소기업 생활은 내 맘처럼 호락호락하지 않았다. 대기업에서 닦은 경영수업이 바탕이 되어 기업에 괄목할 만한 성과를 안겨주어도 수명은 그리 오래가지 못했다. 창업주 2세가 성장하면서 그동안 어렵사리 가꾼 자리를 꿰차는 일이 다반사였다. 단물을 다 짜버리고 나면 아무리 머무르고 싶어도 떠나지 않고는 배길 도리가 없었다. 대기업에서 이십여 년 근무한 것을 제외하고 십여 곳에 가까운 직장을 전전했다면 얼른 이해가 갈지 모르지만 아무런 연줄 없이도 꾸준히 근무해온 지난날을 돌아보면 만감이 교차한다.

중소기업 임원까지 지낸 은퇴자라면 새로운 직장 얻기를 포기하는 사람이 대다수일 텐데도 나는 끊임없는 도전의 길에 나서곤 하였다. 쓰러져도 오뚝이처럼 다시 일어나는 불굴의 정신 덕분에 별다른 공백 없이 직장을 이어갈 수 있었다. 제아무리 노후 대책을 잘 세워두었다 할지라도 하릴없이 무료한 일상을 보낸다는 것은 내 성격에 전혀 맞지 않는다. 자고 일어나면 가방 싸들고 집 나서는 게 가족 모두가 소망하는 이상적인 아버지상이 아니던가. 삼식은커녕 이식이도 겨우 되는 이토록 고마운 일이 어디 또 있으랴 싶다.

과학교육원에는 매일 다양한 학생들이 찾아와 탐구활동을 벌인다. 평일에는 주로 초·중학교에서 단체 방문을 오지만 주말에는 친구들이나 부모와 함께 오는 학생들로 무척 붐빈다. 나는 그들의 탐구활동을 돕는 과학해설사로 일하고 있다. 여태 과학과 동떨어진 곳에서 일했지만 이곳에 온 이후부터 관심을 가지고 관련 공부를 부지런히 하고 있다. 학생들에게는 많은 지식을 전하기 위해 욕심내기보다는 과학에 대한 이해를 돕고, 흥미를 갖도록 하는 일에 정성을 모은다. 과학의 출발은 바로 호기심,

탐구심, 상상력 등이지만 틈이 나면 신문 읽기와 독서의 중요성을 일깨워 주기도 한다.

내가 담당하는 탐구실에서 가장 인기 높은 코너는 로봇 존이다. 학생들에게 신나는 로봇의 율동에 맞춰 열심히 춤을 추면 선물을 주겠다고 했더니 모두가 춤 열기에 흠뻑 빠져든다. 선물을 미처 준비하지 못해도 분위기만 잘 조성해 주면 온통 흥겨움으로 넘쳐난다. 때로는 담임선생님께 함께 춤추자고 권유하는 학생도 있다. 어제는 열심히 춤춘 학생들이 선물을 달라고 하도 조르기에 내 선물은 업어주는 것이라고 했더니 남녀 학생들이 한꺼번에 달려드는 바람에 혼쭐이 나기도 하였다.

어쩌면 이곳이 마지막 직장이 될지도 모르겠다. 어느 곳에서도 환영받기 힘든 나이임을 내 모를 리 없다. 늘그막에 가진 일터에서 사랑스런 학생들과 더불어 봄 향기를 만끽할 수 있다는 것은 드문 행운이다. 범어산의 짙어가는 녹음이 건물 뒤로 펼쳐지고, 3호선 하늘 열차Sky rail가 그림처럼 전개되는 이곳이 별천지가 아니고 무엇이겠는가. 이토록 쾌적한 환경 속에서 미래의 동량이 될 학생들에게 꿈을 심어줄 수 있다는 게 얼마나 가슴 벅찬 일인지 모른다. 신록의 계절에 어린이들과 더불어 내일의 희망을 함께 가꾸어 나갈 수 있는 과학교육원은 나의 오랜 직장생활 어디에도 비길 수 없는 보람의 일터인 것을 감춰둘 수가 없다.

(한국교육신문, 2015. 5. 26)

꿈이 유죄인 걸

자꾸 꿈이 많아진다. 청춘의 꿈이 아니라 쓸데없는 노년의 꿈이다. 눈만 감으면 여지없이 몰려오는 꿈을 주체하기가 힘들 정도다. 현실에서는 상상하기조차 어려운 문제가 꿈속에서 술술 풀리는 날도 있는데 이게 무얼 의미하는지 도통 모르겠다. 어릴 적 시골 어른들은 꿈 이야기를 흥미롭게 풀어내더라만 내가 그 나이에 이르기라도 한 것일까.

꿈은 수면 시 경험하는 일련의 영상, 소리, 생각, 감정 등의 느낌을 말한다. 꿈에서 일어나는 일들은 현실에서 발생하기 어려운 것들이 많다고 한다. 꿈을 꾸는 이가 꿈을 제어하기 힘들며 꿈이라는 사실을 인지하기도 어렵다.

어릴 적에도 꿈을 자주 꾼 기억이 난다. 희망 사항, 목표를 일컫는 꿈이 아니라 잠자리에서 꾸는 헤픈 꿈이어서 문제인 것이다. 꿈길을 헤매다 사고도 많이 쳤다. 꿈은 주로 낮에 있었던 일을 반복하는 경우가 많았다.

마을 앞 시내에서 얼음을 지치다가 젖은 옷을 말리기 위해 방천 둑에 불을 피울 때가 있었다. 추위도 이겨야 하지만 젖은 옷에 대한 부모님의 꾸지람이 두려워서 피운 모닥불이다. 불 가에 옷을 펼쳐 물기가 조금 마르면 그걸 걸치고 귀가를 서두른다. 자리를 떠나기에 앞서 불씨를 제거하기 위해 종종 등장하는 것이 '남성 전용 소화기'이다. 빙 둘러서서 저마다의 소화기를 가동시키는데 그렇게 시원할 수가 없다. 깨어보면 꿈이다.

낮에 행한 일들이 꿈속에서 재현되어 종종 화를 부른다. 당시에는 초등학교 화장실의 형편이 좋지 못했다. 친구들과 높은 시멘트벽을 보고 오줌을 쏘아 올리는 장난을 자주 쳤는데 이 일이 꿈속에서 거침없이 전개된다. 꿈이라는 사실을 인지하지 못하고 막판에 이르면 대형 사고를 친다. 오줌 싼 흔적을 숨기기 위해 남몰래 애쓴 기억이 지금도 뇌리에 남아 있다.

꿈을 꾸면서 저지르는 사고가 하도 잦다 보니 노이로제에 걸릴 지경이었다. 어떨 때는 마른 수건을 기저귀처럼 차고 잠을 청한 적도 있다. 어쩌다 친척 집에서 잠이라도 자고 가라고 하면 걱정이 태산이다. 잠자기 전에 먼저 집 안 구조부터 살핀다. 어둠 속에서도 찾을 수 있는 화장실의 위치, 그리고 긴급 상황이 닥칠 경우 어떻게 조치할지를 궁리한다. 꿈 때문에 입은 불상사는 한참 성장한 후에까지 이어졌다.

대학 시절 대구 미문화원에서 이따금 만났던 이시형 교수에게 꿈과 관련한 질문을 던진 적도 있다. 정신의학이 전공인지라 거듭되는 실수에 대한 처방이라도 얻고 싶은 욕심이 있어서다. 교수님도 꿈에 대한 연구를 열심히 하고 있지만 현실과의 관계를 명확하게 규정짓지 못하고 있었다. 머리 위에다 필기도구를 준비해 두고 꿈에서 깨어나는 즉시 기록한다고 하였다. 극히 짧은 시간에 많은 내용을 꾼다는 이야기가 기억에 남아 있다.

이쯤에서 그쳤으면 얼마나 좋으랴만 그렇지 못해서 탈이다. 꿈을 꾸면서 발길질하는 경우가 더러 있었던 모양이다. 죄 없는 아내를 걷어차는 바람에 놀라 깬 적도 몇 번 있다. 꿈속에서 나쁜 사람을 혼내주느라 발차기를 한 게 화근이다. 어느 날 저녁에는 대형사고까지 치고 말았다. 저녁 식사 후 소파에 누워 TV를 시청하다 깜빡 잠이 들었다. 그 짧은 시간에 또 몹쓸 꿈을 꾼 것이다.

달아나는 범인을 쫓고 있는 중이었다. 그놈을 제압하기 위해 사력을 다해야 한다. 있는 힘을 다 모아 발로 걷어찼는데 엉뚱하게도 아내를 차버린 거다. 비명 소리에 놀라 깨어나 보니 아내는 두 손으로 머리를 감싸고 있다. 소파 아래서 팔을 괴고 TV를 시청하는 아내의 머리가 나의 표적이 되어 버렸다. 세상천지 어찌 이런 일이 있을 수 있단 말인가. 아내의 아픈 머리를 쓰다듬으며 용서를 빌었지만 고통은 쉬이 사라지지 않았다.

개나 고양이와 같은 동물들도 꿈을 꾼다고 한다. 보통 꿈이라면 희망을 의미하는 드림dream으로 많이 표현된다. 하지만 나에게는 희망은커녕 종종 고통을 안겨주고 있는 잡몽들만 우글거리고 있으니 예삿일이 아니다. 나이 먹을수록 꿈꾸는 횟수는 자꾸 증가하고, 사고 치는 날은 늘고 있으니 어찌하면 좋단 말인가. 시도 때도 없이 꾸는 꿈이 단잠의 달콤함을 앗아간 지 오래이다. 스스로를 돌아보고 수련하는 마음을 가지면 악몽이 길몽으로 바뀌기라도 할까. 끊이지 않는 꿈속에서의 만행, 꿈이 유죄인 걸 어쩌겠는가.

(수필세계 53호, 2017. 여름)

나의 살던 고향은

— 성병조 대구수필가협회 부회장의 창녕 성산

나는 고향, 부모님, 할머님, 그리고 어릴 적 소꿉친구와 그때부터 간직한 소망을 떠올리면 금방 눈시울이 붉어지고 목이 잠긴다. 그 눈물은 소원했던 꿈이 이뤄지지 않은 데서의 아쉬움과 마음 깊은 곳에 자리한 가난의 아픔에서 나오는 것으로 때로는 자제하기 힘들 만큼 격정적으로 다가오기도 한다.

내 고향, 경상남도 창녕군 성산면 석정리石亭里는 이름 그대로 돌과 정자가 많아 돌무정이라고도 불렀으며 이십여 가구 남짓한 창녕 성씨 집성촌이다. 현풍과 창녕의 중간 지점인 십이리에서 청도 풍각 방면으로 십 리쯤 떨어진 산골로 수백 년 된 정자나무가 무성한 마을이다. 예로부터 교육열이 높고 알뜰하여 이웃 마을 사람들로부터 부러움을 사면서 이사 오고 싶은 동네로 손꼽혔다.

인근 산에는 너구리, 노루, 토끼 등 산짐승이 많아 한국동란 후 미군들이 지프차를 타고 와 사냥하는 모습을 자주 볼 수 있었다. 종종 늑대가 내려와 이웃집 돼지를 물어 가기도 하고, 산

비탈 밭 가에 뉘어놓은 아기를 해치는 등 맹수에 대한 두려움을 안고 살았다. 마을 아래는 1965년경 달성군과 창녕군을 끼고 조성된 광활한 달창 저수지가 있고, 그 위로는 안심과 가복에서 발원한 맑은 시냇물이 마을 앞을 주야장천 흐르고 있어 하동夏童과 민물고기들의 좋은 놀이터가 되었다.

지금도 어릴 적 고기 잡던 추억을 잊지 못한다. 마을 어른들은 나만 보면 고기 잡는 명수라고들 하였다. 다른 아이들은 빈손으로 돌아와도 나는 허탕 치는 일이 거의 없었다. 고기마다의 특성을 훤히 꿰뚫고 있었기 때문이다. 고기들도 기본 지능을 갖고 있다는 점과 미꾸라지의 대화 사실도 처음 알았다. 먹지나 송어를 대열에서 분리시켜 나무 막대로 계속 몰아가면 나중에는 구정물이 이는 발밑으로 역주행하여 숨는 재능이 있다. 통발 안에서 용케 빠져나온 미꾸라지가 아래쪽으로 도망치면서 올라오는 놈들과 머리를 맞대고 교감하는 모습을 신기하게 지켜보았다. 이 순간을 놓치지 않고 미리 준비해 둔 여분의 대나무 통발을 재빨리 아래다 설치해 놓으면 퇴각하는 고기들이 몽땅 걸려들곤 하였다.

구멍 속의 가재를 잡을 때는 손가락을 살며시 넣어 까닥대면 앞발로 집는데 이때 못 이긴 듯이 빼내면 그냥 달려 나오게 된다. 나중에는 남들보다 한발 빠르게 구입한 유리 통발로 피라미를 하도 많이 잡아오는 바람에 어머니를 성가시게 하였다. 가족이 먹지 않는 고기를 돼지에게 주었으나 돼지조차 고개를 돌리게 되자 하는 수 없이 물고기를 말려 큰집이 있는 부산으로 보낸 적도 있다.

창녕에서 일학년을 마치고 현풍중학교로 진학한 네는 사연이 있다. 나이가 한두 살 아래의 약한 급우들을 자주 괴롭히는 한 친구를 혼내준 게 화근이 되어 문제는 일파만파로 확대되었다. 저쪽에서 먼저 법정문제로 비화시키는 바람에 일 년 가까이나 시달려야 했다. 끝내 우리가 승소하였기에 망정이지 하마터면 학교 교육도 이쯤에서 중단될 뻔했다. 내가 저지른 죄책감 때문에 숨소리도 제대로 내지 못하고 묵묵히 농사일에만 전념했던 그 시절을 평생 잊을 수가 없다.

나는 소 구루마 끄는 일엔 소문난 아이였고, 밭 매고 고랑 치는 일은 물론 땔감도 매일 두 짐씩이나 해다 나르는 억척 일꾼이었다. 어느 하루에는 나무 할 곳이 마뜩잖아 산속을 헤매던 중 어렵사리 땔감의 보고寶庫를 발견하고는 쾌재를 외쳤다. 수백 년은 되었음 직한 소나무의 마른 가지는 매끈하고 불땀이 좋아 연료용으로는 안성맞춤이다. 그런데 이게 웬일인가. 그날 한 나무는 다음 날이면 아버지가 톱으로 자르고 도끼로 쪼개 장작더미에 더해지곤 했는데 그 나무는 유독 뒷담 위에 걸쳐진 채 생솔가지로 가려져 있었다. 나중에 동갑내기 뒷집 머슴이 내게 건네준 말은 실로 큰 충격이었다. 그것은 하늘처럼 떠받드는 당산나무라고 하는 게 아닌가. 하지만 아버지께서는 어린 자식이 기라도 꺾일까 봐 불의의 교통사고로 돌아가실 때까지 한 번도 그날의 일을 떠올리지 않으셨다.

매일 경남북을 넘나드는 자전거 통학은 온갖 추억의 산실이다. 자갈과 먼지로 가득한 비포장 육십 리 길을 꼬박 2년간 달리면서 체득한 인내와 끈기는 나의 성장에 귀중한 자양분이 되었다. 자갈로 뒤덮인 비포장도로의 먼지는 경험하지 않은 사람은 상상하기 힘들 것이다. 이따금 자동차 바퀴에서 튄 돌이 자전거를 때리기도 하고, 길가에서 곤히 잠자다 자전거 소리에 놀라 뛰어든 개에 받혀 도랑으로 내동댕이쳐진 적도 있다. 샛길로 가는 날에는 길을 가로지르는 뱀들이 자주 띄어 놀라기도 하였다. 이처럼 어려운 통학길이지만 결석이나 지각 같은 것은 한 번도 없었다. 타이어가 펑크 나면 자전거를 끌고 달렸고, 차가 없으면 달리기를 해서라도 제시간에 도착하는 걸 당연하게 여겼다. 그때의 수련 덕분에 건강한 신체를 갖게 되었고 새벽 네시에 일어나 조깅하고 공부하는 버릇이 오늘까지 지속되고 있다.

부산에서 고교를 마친 후 대학에서는 자립의 길을 걷고자 아무런 연고가 없는 대구로 훌쩍 떠나오고 말았다. 주말이나 방학이 되면 시골로 내려가 소를 먹이거나 밭을 매고 소마구를 치는 등 부모님의 일손을 많이 도왔다. 공부도 소홀히 할 수 없어 틈틈이 마을 앞 부용정芙蓉亭에서 책을 읽으면서 꿈을 키워 나갔다. 수령 4백 년을 자랑하는 은행나무 아래로 펼쳐진 달창 저수지를 배경으로 한 부용정은 조선 중기 한강 정구鄭逑 선생의 문인이었던 부용당芙蓉堂 성안의成安義, 1561~1629 선생이 제자들을 가르치던 곳으로 지금은 경남도 문화재로 지정되어 있으며 일가들의 조상 숭배 장소로 사용되고 있다.

부용당은 1591년(선조 24) 식년문과에 급제한 후 이듬해 임진왜란이 일어나자 곽재우郭再祐 장군과 함께 창녕에서 의병을 일으켰으며, 1607년 남원군수, 1612년(광해군 4) 광주목사 등을 지냈다. 특히 그의 셋째 아들인 계서溪西 성이성成以性, 1595~1664은 춘향전 속의 암행어사인 이몽룡의 실존 인물로 알려지고 있다. (연세대 설성경 교수론) 유년 시절 부용정은 원근 각지 학생들의 단골 소풍 장소로 유명했으며 요즘도 달창 저수지를 찾는 낚시꾼들의 발길이 이어지고 있다.

이쯤에서 빼놓을 수 없는 것이 창녕 양파이다. 1960, 70년대 농촌의 대혁명이라 할 수 있는 양파가 창녕에서 처음 재배되었다는 사실을 아는 사람이 얼마나 될까. 가난에 찌든 농민의 주름살을 펴게 한 게 바로 양파로서 보리농사에 비하면 열 배 이상 수익이 높았다. 양파는 대지면 석리 출신의 성재경成在慶 씨가 1953년 일본에서 씨앗을 가져와 고향 마을에 재배한 것이 효시로서 우리 마을에도 1960년대 도입되어 가정 경제에 큰 도움을 주었다. 한때 전국 생산량의 35%를 차지한 창녕 양파의 중요성을 널리 알리기 위해 동아일보(2000. 10. 20)에 '창녕 양파의 명성 되살리자'는 제하의 칼럼을 썼다. 이어 경남신문과 창녕신문, 창녕문화원 회보 등에 쓴 칼럼을 통해 창녕에 양파 시배지 표지석과 홍보탑 건립을 촉구하였는데 이 모두가 관철된 것은 고향 사랑의 증표이자 나의 자랑이 아닐 수 없다.

옛 추억을 그린 「봉창이 있는 집」에서 나는 이렇게 마무리하고 있다.

'새삼 어릴 때 봉창을 통해 본 추억들이 젖은 가슴속을 소용돌이친다. 여름밤이면 작은 불꽃처럼 봉창을 날아다니던 반딧불이, 계절마다 다른 들의 향기와 가을의 푸른 사색을 봉창은 눈빛으로 일러주었다. 그리고 봉창은 봄이면 진달래 빛 창이, 여름이면 녹음 우거진 초록 창이, 가을이면 열매들을 주렁주렁 단 황금빛 창이 되었고 겨울이면 눈으로 하얗게 단장한 흰색 창이 되어 무수한 자연의 지혜들을 내 상상의 뜰에다 심어주었다.

나의 살던 고향은

성병조 대구수필가협회 부회장의 창녕 성산

이제 어릴 적 함께 북적거리던 형제들과 부모님, 내 울음과 웃음들이 짙게 밴 흙집과 흙집의 외눈 같던 봉창은 수명을 다했는지 자꾸 허물어져 가고 있다. 돌이킬 수만 있다면 봉창 위에 손을 얹고 정겨운 목소리, 지나간 옛이야기들을 함께 풀어놓고 싶다. 그러나 어머니도 돌아가시고 텅 빈 집은 방문을 열면 농기구들과 잡동사니 빈 포대만 어지럽게 쌓여 창고가 되고 말았다. 아예 녹슨 문고리를 안으로 거머쥐고 입술을 굳게 다문 봉창은 바람이 불 때마다 외로움에 홀로 삐꺽거린다.'

(매일신문, 2011. 10. 29)

버스 안에서

나는 요즘 버스를 타고 출퇴근한다. 전적으로 승용차에만 의존하다가 오랜만에 좌석버스에 올랐더니 모든 승객들이 나를 쳐다보는 듯해 여간 어색하지가 않았다. 학생들과 젊은 직장인, 특히 여성들이 주로 차지하고 있는 차내를 돌아보기가 쑥스러워 내릴 때까지 제대로 고개도 들지 못한 채 불편하게 보낸 기억을 가지고 있다.

그토록 다가가기 어렵게만 보이던 시내버스와 정분을 쌓기까지는 다소 용기가 필요했다. 승객의 시선을 의식하지 않고 책이나 신문에서 눈을 떼지 않는 것도 한 방법이요, 눈을 감고 편안하게 잠을 청하는 것도 방법일 수 있을 테지만 후자는 자신이 없었다. 눈만 감으면 이내 잠에 빠질 수 있으면 좋으련만 마음대로 하기는 어려운 노릇이었다. 아무리 밤잠을 설쳐도 낮엔 잠을 청하지 못하는 성격인지라 신문이나 책과의 끈질긴 교섭만 지속되었다. 책을 읽는다 하더라도 되도록 쉽고 재미있는 소재를 택해야 함은 물론이다. 너무 어려운 내용의 것이면 주위가 산만하여 머리에 잘 들어오지도 않을 뿐만 아니라 글씨조차 깨알 같아 안경을 껴도 읽기가 힘들다. 더 큰 걸림돌은 여느 기사의 잘못된 운전습관에서 오는 차체의 심한 흔들림과 내부의 어두운 조명이었다.

버스와 관계를 다지게 된 데는 나름대로의 이유가 있다. 지금의 직장으로 옮긴 후부터는 좀처럼 독서할 기회가 주어지지 않았다. 매달 우송되어 오는 여러 신문과 잡지들을 미루지 않고 모두 독파하기에는 아무래도 시간이 모자랐다. 새벽 네시쯤이면 어김없이 일어나지만 운동하고, 신문 읽고, 출근 준비를 서두르다 보면 금방 시간이 지나가 버린다. 회사 일을 마치고 집에 오면 저녁 먹기가 바쁘고, 주린 배를 채우느라 허겁지겁 먹는 날이면 포만감에 일찍 잠자리에 들 때도 없지 않다. 낮 동안 집으로 배달되어온 우편물을 꼼꼼히 챙기고 석간신문이라도 읽으면 그래도 괜찮은 편이다. 부른 배가 꺼지도록 할 시간적인 여유가 생기고 그날의 과제를 마무리했다는 쾌감도 뒤따르기에 말이다.

집에서 회사까지의 거리가 오십여 리쯤 된다. 대구의 동쪽에서 서쪽 끝이다. 러시아워 때는 승용차를 이용해도 한 시간가량을 도로 위에서 보내게 되니 한동안 마땅한 해법을 찾느라 고민깨나 하였다. 잦은 유가 인상에 따른 차량 유지비 부담도 무시할 수 없었다. 지출도 줄이고 출퇴근 시간만이라도 하루 두 시간 가까이 독서를 한다는 건 의외의 수확이란 데서 매력이 있었다. 버스를 이용하면서 매일 일정 거리의 걷기를 생활화한다면 건강에도 무척 유익할 거라는 판단도 결행을 하는 데 보탬이 되었다.

처음에는 무척 어색하였다. 자식 같은 어린 학생들의 틈바구니 속에서 헤매는 못난 아버지의 모습이 그려지기도 하고, 푼돈을 아끼는 구두쇠처럼 비춰질까 봐 몇 번이나 망설이기도 하였지만 처음의 의지를 굽힐 수는 없었다. 요즘 들어서는 내가 신문이나 책을 펼치고 있노라면 실내가 서서히 밝아질 때가 종종 있다. 일 년 넘게 버스를 이용하는 단골손님을 용케 알아본 덕분인지, 아니면 어두운 차 속에서 책을 펼쳐든 늙수그레한 승객에 대한 연민에서인지 몰라도 기사의 마음 씀씀이가 그렇게 고마울 수가 없다. 초기에는 불이 어두워 실내등을 밝혀 달라는 부탁을 여러 차례 하였고, 무리하게 곡예 운전을 일삼는 기사를 질책한 적도 있으리만큼 까다로운 사람이었다. 반면에 손님들에게 일일이 인사하고 친절하게 안내하는 어느 운전기사의 모습이 아름다워 일간신문에 기고하여 널리 알린 적도 있다.

이런 과정을 거치면서 별난 나의 존재를 알게 된 것일까. 당초의 바람이 조금씩 달성되어 가고 있는 셈이다. 기름 값이 절약되니 경제적으로 도움이 되고, 하루 두 시간 정도 꼬박꼬박 독서할 수 있어 좋고, 그보다 더 나은 것은 바쁜 일상생활 속에서도 걷기 운동을 매일 할 수 있는 것이니 이를 어찌 일석삼조라 하지 않으랴.

다른 볼일이 있어 부득이하게 승용차를 이용하는 날에는 평소 버스를 함께 타던 사람들의 모습이 떠오르기도 한다. 몇몇 승객과는 이제 눈길을 서로 주고받는 사이로까지 발전하였다. 낯익은 얼굴이 오래도록 보이지 않으면 어려운 경제난 속에서 혹시 실직이라도 당했을까 염려할 때도 없지 않다. 잠에 곯아떨어진 이웃이 내려야 할 정류장을 자칫 지나치기라도 할까 봐 흔들어 깨워 주는 성의도 베푼다. 새로운 시내버스의 등장으로 실내가 한결 밝아진 차가 늘어나는 것도 반가운 일이다. 많은 승객들이 책이나 신문을 펼쳐 들고 아까운 시간을 지혜롭게 보내고 있어 예전과 달라진 모습이 확연히 느껴진다. 그들도 나처럼 매일 되풀이되는 버스 안에서의 긴 시간이 무료하다는 생각을 가졌음이리라.

미처 집에서 읽지 못한 조간신문은 새로운 기사들로 생기가 넘쳐난다. 그런 싱싱함을 누구보다 앞서 덤으로 맛볼 수 있는 것도, 부지런한 소시민들과 정서를 함께 하는 것도 이른 아침 출근 버스에서 누리는 색다른 즐거움이 아닐 수 없다. 그래서 나는 모처럼 맺은 버스와의 소중한 인연을 오래도록 간직하고 싶다.

(대구문학 제62호 2005. 3.)

오해

농담으로 한 얘기가 진담으로 돌아오면 퍽 난감하다. 그는 나와 비슷한 연배의 문우로 의협심이 강하고 직언을 좋아하여 의기투합할 때가 많다. 어려운 일을 만나면 종종 의논도 하는 편이어서 주변 사람들은 우리를 돈독한 사이인 걸로 여기고 있다.

그런 우호적인 관계 속에서 전혀 의외의 일이 벌어졌다. 오전 일찍 등산을 마치고 내려오는 길에 그로부터 폰 메시지가 들어왔다. 모든 사람에게 보낸 게 아니라 나를 고른 것처럼 생각되어 무척 반가웠다. 국회를 다녀온 모양이다. 국회의사당을 배경으로 포즈를 취한 그의 사진 아래는 이런 글귀가 쓰여 있다.

'국회 세미나 다녀왔어요. 민주주의 발전을 위한 포럼'

사연을 이해하기는 어렵지 않았다. 새벽 일찍 조간신문에서 읽은 내용이었다. 대구의 J 의원과 K 의원이 주관한 국회 세미나에 많은 의원들이 참석하여 성황을 이뤘다는 기사를 기억하고 있는 터였다. 바로 답장을 보냈다. 요즘 국회의원은 물론 나라 돌아가는 꼴에 분노하지 않는 사람은 드물 것이다. 그런 공분公憤

을 해학적으로 담고 싶었다.

"대구의 J, K 의원이 주최한 세미나였군요. 그곳 악취에 오염되었을지도 몰라요. 당분간 선생님을 좀 멀리해야 되겠습니다."

국회의원의 악취는 이미 소문난 것이어서 한번 웃자고 이렇게 썼다. 제 구실 못 하고 싸움질만 일삼는 국회의원들을 희화화한 말들이 오죽 많은가. 여러 부류의 사람이 한강에 빠지면 수질 오염 방지를 위해 국회의원을 먼저 건져야 한다는 말은 이제 농담 축에도 못 끼인다.

산책을 끝내고 집에 돌아와 샤워를 하려는데 휴대폰이 울렸다. 그와는 최근에도 더러 만난 적이 있어 반갑게 받았다. 목소리가 영 낯설다. 처음에는 무슨 이야기인 줄 잘 모를 정도로 착 가라앉은 목소리다. 이른 새벽, 내가 올린 카페 글에 따라 붙은 댓글에 대한 불만을 토로한다. 나는 문학 카페의 '방명록'에 다음과 같은 글을 올렸었다.

> **청와대 얼라들**
>
> 한때 '청와대 얼라들'이란 말이 회자된 적이 있다. 유승민 의원이 청와대를 보고 한 말인데 당시엔 좀 심하다는 반응을 보인 게 사실이다. 경상도 사투리로 '얼라들'이라고 하면 대단히 낮춘 말이다. 더군다나 기라성 같은 청와대 '어른'들한테 이런 표현을 쓰는 것은 보통 용기로는 엄두 내기 힘들다. 하지만 지금 돌이켜보니 그 사람들 '얼라들' 소리 들어도 싸다는 생각이 든다. 그때 유승민 이야기를 듣고 청와대 '어마이' 하고 청와대 '얼라들'이 조금이라도 정신 차렸더라면 오늘의 이 모양 이 꼴은 면했을 텐데… 청와대

얼라들이 너무도 원망스럽다.

자신이 올린 글 아래에 괜찮은 댓글이 따라오면 무척 반갑다. 그의 댓글은 이렇게 짧았다.

"요즘 돌아가는 정세가 걱정됩니다. 이를 어쩌면 좋지요?"

산책길에 그로부터 받은 국회 방문 폰 메시지 내용이 생각나 이번에도 국회의원의 악취를 은유적으로 그리고 싶었다.

"L 선생님, 국회 세미나에 다녀오셨더군요. 당분간 많은 사람들이 모이는 곳에는 가지 않는 게 좋겠습니다. 혹시 국회서 오염된 악취가 풍길지도 모르니까요."

물론 나의 의도는 한심한 국회의원들의 행태를 꼬집기 위함이었다. 흔히 하는 농담과 별로 다를 바 없는 게 아닌가. 폰 메시지의 답변처럼 어지러운 세상에 한번 웃고 싶었던 것이다. 글이란 게 읽는 사람에 따라 해석을 달리할 수도 있기 때문에 신중을 기하는 편인데 뜻하지 않은 복병을 만났다.

과연 그렇게 생각할 수 있을까. 잘못하고 있는 국회의 행태를 비유적으로 묘사한 것인데 자기는 섭섭하다고 주장하니 어쩌면 좋단 말인가. 사실인즉 국회가 악취 풍길 리도 없으며, 그런 악취가 우리 몸에 스며들 일은 더더욱 없는 것이다. 나는 조심스럽게 말을 이어갔다.

"그렇게 생각하신다면 주변 분들에게 한번 물어보세요. 이 글을 읽은 그들의 생각도 선생님과 같은지를…."

한번 웃고 넘길 일이지 어느 누구도 그런 식으로 오해할 것 같지는 않았다. 남의 입장을 곤란하게 만드는 글이라면 애초부터 카페에 올리지 않는다. 세 문장 중 앞뒤 두 문장은 떼어두고 '많은 사람 있는 곳에 가지 마라'는 중간 문장만을 가지고 고집을 굽히지 않으니 난감하기 그지없다. 남들이 읽으면 자신이 나쁜 사람 되는 게 아니냐고 같은 말만 자꾸 되풀이한다.

솔직히 말해 국회 무용론이 얼마나 자주 회자되는가. 건설적인 정책 토의는커녕 당리당략에 얽매여 자기들 잇속을 채우느라 서로 다투는 이전투구의 장이라고 모두가 비난한다. 선량한 국민의 입장에서는 그 모든 것이 악취로 비쳐질 뿐이다. 그런 곳을 방문한 사람이라면 악취에 오염될 가능성이 있다고 풍자하였는데 이렇게 엇박자를 내니 기가 찰 노릇이다. 대화가 하도 평행선을 달리기에 이쯤에서 종결짓고 싶었다.

"그런 생각을 가졌다면 내가 미안합니다. 사과드리며 댓글은 바로 내리겠습니다."

상충되는 의견을 반복해서 주장하다가는 서로의 감정만 상할 뿐이다. 자칫 잘못하다가는 언쟁으로 비화될 우려도 있다. 빨리 끝내고 싶은 생각에서 내가 먼저 사과한 후 글을 삭제하고 말았지만 허전함이 남는다. 평소 마음을 터놓고 대화하는 사이여서 믿은 나머지 건넨 농담을 다른 시각에서 해석하니 허탈감이 몰려왔다. 글을 쓴 사람의 의도와는 전혀 다르게 오해하는 경우도 있구나 하고 반성해 보지만 씁쓸한 기분은 쉬이 가라앉지 않는다.

(그린에세이 19호, 2017년 1·2월호)

'전노자' 유감

오늘도 역시 적중하고 말았다. 중간 순위는 몰라도 인기상과 최우수상 정도는 거의 알아맞히는 내 실력을 다시 한번 확인시켜준 날이라고나 할까. 그렇다고 내가 음악에 조예가 깊다거나 노래를 잘 부르는 축도 못 되면서 일요일 정오만 가까워 오면 마음이 설레고 이 프로에 흠뻑 빠지는 이유가 도대체 무엇인지.

가고픈 고장, 낯선 사람들을 만나고 그곳 사람들의 살아가는 모습을 사회자의 순발력과 재치로 요리해 내는 데 맛을 들인 지도 꽤 오래된 것 같다. 젊은 출연자들에겐 아버지뻘이나 될 만한 사람이, 그것도 일요일 대낮에 텔레비전 앞에 한가하게 앉아 전국노래자랑(전노자)이나 즐긴다고 손가락질해도 할 수 없는 노릇이다.

여행을 워낙 좋아하는 나는 틈만 나면 전국 각지를 두루 돌아다닌다. 그래선지 이 시간만 되면 그동안 잊고 지낸 추억의 도시들이 내 곁으로 다가오고 그리운 연인이라도 만난 듯 정감 어린 말을 걸어오는 것이다. 멀리 떨어진 고장마다의 풍물을 익히고 옛 추억의 편린을 찾아 떠나는 데는 이 프로만 한 게 없다.

조금 전 끝난 강원도 양양군 편만 해도 그렇다. 우리 집 두 아이가 초등학교에 들어가기 얼마 전, 가족 모두가 설악산에 올랐다가 들른 곳이 바로 의상대와 낙산사가 아니던가. 짙은 소나무 숲 속의 포장길을 따라 내려오면 당도하는 곳이 양양 해수욕장, 지금 그곳에서 내로라하는 재주꾼들이 모여 화끈하게 펼치는 노래자랑에 내 스스로가 함몰되어 버린 것이다. 개성 있는 출연자들의 옷차림과 익살, 사회자의 수더분하고 맛깔 나는 진행, 그리고 고장마다 선보이는 특산물의 향기까지 함께 어우러지면 그야말로 부러울 게 없는 향토민의 잔치 한마당이 되고 만다.

나는 이토록 아끼고 사랑하는 전노자에 대한 과욕 때문에 얼마 전 고향 창녕의 문화공보실장에게 트집을 부린 적이 있다. 지금까지 두세 차례 창녕군 편이 방송되었다지만 내가 문제 삼은 것은 작년 부곡온천에서 있었던 노래자랑 때문이다. 혹시 아는 사람이라도 나올까, 타 지방에 비해 노래 수준은 어느 정도일까. 그날 소개되는 코믹 연기는 어떤 각본으로 누가 하며, 창녕 홍보는 어떻게 전개될까. 창녕군 편이 있을 거라는 예고가 나오고부터 설레던 마음이 정작 시청한 후에는 허탈해지고 말았는데 그 이유는 다음과 같다.

첫째, 고향에 노래하는 인물이 그렇게도 없는지 안타까웠다. 노래 수준이 형편없어서 그랬는지, 창녕군 관계자들이 자원발굴에 소홀한 탓이었는지는 모르지만 타 지방에 비해 출연자 수부터 턱없이 적었으니 첫인상부터 구겨 놓았던 게 틀림없다. 그것도 변변찮아 인접한 밀양과 창인 등지에서 세 명이나 꾸어다 썼으니 구차함은 이루 형언하기 힘들다.

둘째, 노래 실력이 달리면 코믹연기나 특산물 소개에서라도 독창성을 살려 점수를 만회할 일이지 이것마저도 신통치 못했으니 아무리 후하게 점수를 주려고 해도 줄 도리가 없다. 모자라는 고향의 정서를 대하는 것 같아 실망감만이 몰려 왔다.

셋째, 사회자가 마이크를 근엄한 군수님에게 건넸을 때의 답변은 전혀 예상 밖이었다. 전국 제일의 부곡온천, 억새와 진달래로 유명한 화왕산, 국내 최고의 양파 주산지, 1억4천만 년의 자연생태계를 고스란히 보존하고 있는 우포 늪, 진흥왕 척경비와 석빙고, 매죽헌 성삼문의 위패를 모신 물계서원 등 제2의 경주라고 불릴 정도로 넘치는 자랑거리들을 하나도 챙기지 못하고 허망하게 지나친 그날은 생각만 해도 분통이 터진다.

나는 전노자에 관한 한 전문가의 경지에 다다랐다고 감히 자부하고 싶다. 그 시간만 되면 만사 제쳐놓고 채널을 쫓아다닌 덕분에 얻은 영예스런 훈장이라 할 수 있다. 전노자는 바로 내가 태어나서 자란 고향의 소리요, 우리의 부모형제들의 애환과 삶의 향기가 버무려지는 흥겨운 잔치마당이 아닐 수 없다.

농사일로 까맣게 그은 얼굴, 주름진 이마, 어설픈 노랫가락으로 '땡'을 먹은들 어떠랴. 온갖 부끄러움과 체면을 멀리한 채 내보이는 순수 그 자체면 족한 것이다. 노래하는 출연자나

무대 아래서 시름을 잊은 채 흥에 겨워 덩실덩실 춤추는 촌로들까지 모두 한 가족이 되는 이만큼 신나는 프로는 찾아보기 힘들다.

노래자랑에 직접 참가한다는 것은 상상할 수 없는 일이지만 예심이나 녹화장면을 가까이서 보고 싶었는데 그 기회가 다가왔다. 몇 년 전 아내의 미술작품이 전시되었던 세종문화회관에 들렀다가 마침 별관에서 있은 서울지역의 예심장면을 보고는 그만 넋이 빠져버렸다. 행선지를 이야기하지 않고 잠깐 나왔다가 두 시간 가까이 행방불명이 되었으니 화가 날 법도 했겠지. 토라진 아내를 달래느라 온갖 재롱을 다 부렸던 일도 전노자가 안겨다 준 또 다른 에피소드라 하겠다.

전노자! 이것은 우리나라를 대표하기에 손색이 없는 자랑스러운 장수 프로요, 서민들의 희로애락이 질펀하게 묻어나는 향토색 짙은 축제 마당임을 그 누구도 부인하기는 어려울 것이다. 대한민국 만세, KBS 만세, 전노자 만세다.

(대구의 수필 제9호, 2013.)

테니스가 좋다

문협 테니스회

매월 넷째 토요일 오전이면 어김없이 대구문인협회 회원들로 조직된 테니스회 월례 대회가 펼쳐진다. 출범한 지 6년이 되었지만 회원 수로만 따지면 영세하기 짝이 없다. 팔순이 넘는 회원이 2명, 칠순의 중턱에 오른 회원 등 나이가 많다 보니 모두가 슬로우 템포이다. 하지만 분위기 면에서는 최고라 자부해도 좋으리라. 노익장을 과시하면서 주고받는 대화는 문학 작품을 능가하고, 경기 후 식당으로 옮겨가 나누는 정담은 최고의 문학 세미나 수준이다. 회원 모두가 대구를 대표할 만한 유명 작가들이어서 매월 그들과의 만남이 기다려진다.

테니스 예찬

여러 운동을 좋아하지만 테니스를 제일로 꼽는다. 어제 문우들과 테니스를 즐겼다. 내가 사는 아파트 코트가 주차장으로 변하고, 또 직장 생활로 테니스와 멀어진 지 1년여가 지났지만 매력은 조금도 식지 않는다. 땀 흘린 후 마시는 한 잔의 맥주, 샤워 후의 상쾌함은 어디에도 비길 수 없다. 테니스를 함께하다 골프로 전환하는 친구도 많다. 나에게도 유혹의 손길이 계속 이어지고 있다. 골프에 먼저 입문한 아내의 권유도 있지만 언제나 고개를 저었다. 이만한 나이에 이토록 신나게 할 수 있는 운동이 테니스 말고 어디 있을까. 실력은 어설퍼도 함께 어울릴 수 있는 테니스 동호인이 있다는 게 얼마나 행복한지 모른다.

예술회관 테니스 코트

대구예술회관 테니스 코트로 장소를 옮기고 처음으로 경기가 있었다. 2012년 5월에 창립된 대구문협 테니스회는 온갖 우여곡절을 다 겪고 이제 겨우 안정을 찾은 기분이다. 범물동 아파트, 경상중, 대구교대 코트를 거쳐 이곳에 이른 것이다. 테니스장마다 새로운 건물이 들어서는 바람에 쫓겨 다녔다. 예술회관은 모든 조건이 다 갖춰진 환상의 코트이다. 운치 만점이다. 야외 공연장 옆 솔밭에 코트가 자리하고 있어 삼림욕도 겸할 수 있다. 최상의 환경 속에서 회원들과 웃고 즐기니 몇 년이나 더 젊어지는 것 같다. 훌륭한 장소를 제공해준 예술회관 측에 감사드린다.

웃음꽃 만발

테니스가 점점 하향 곡선을 긋고 있다. 기본 실력을 갖추는데 시간이 오래 걸리고, 또 경기를 하려면 어느 정도의 수준에

도달해야 한다. 대구문인협회 테니스회도 꽤 연륜이 쌓였다. 협회 최초의 스포츠 모임이다. 소수 인원이지만 만나기만 하면 웃음꽃이 만발한다. 예술회관 코트로 옮겨와 두 번째 월례대회를 어제 가졌다. 간밤에 비가 내렸지만 날만 들면 우레탄 코트는 별 문제가 없다. 솔향 그윽한 곳에서 펼쳐지는 이만한 즐거움이 어디 있을까. 몇 곳을 옮겨 다니며 더부살이하다가 제대로 보금자리를 찾은 느낌이 든다. 테니스 동호인들이 많이 참여하기를 언제나 학수고대하고 있다.

테니스의 매력

나이 들면서 자기가 좋아하는 운동 한 가지쯤 키워간다면 행복한 일이다. 탁구도 골프도 좋지만 테니스를 능가할 게 없다는 생각을 늘 가진다. 그렇다고 내가 높은 경지에 오른 것은 아니다. 유치원의 재롱 수준이지만 코트에만 나오면 분수를 잊고 설친다. 큰 덩치에 비해 재바른 몸놀림은 남들의 부러움을 산다. 여행처럼 테니스도 함께하는 사람이 누구인지가 중요하다. 예술회관 뒤편의 꿈같은 힐링 숲 속, 손 기술보다 입 기술이 훨씬 발달한 회원들과 실컷 웃고 나면 스트레스가 확 달아난다. 게임이 끝난 후 식당에선 문학과 시국 담론이 줄을 잇는다. 이런 날이 매월 한 번 있다는 게 아쉬울 따름이다.

기분 좋은 시간

누구나 가장 기분 좋은 시간이 있을 터이다. 술 한잔 걸칠 때?

낮잠 자고 일어났을 때? 사우나를 다녀왔을 때? 나는 테니스로 땀 흘린 후 샤워할 때가 제일 기분 좋다. 경쟁자들과 분위기에 젖어 맥주 한잔을 곁들이면 금상첨화이다. 사우나에서의 땀과 운동 후 흘리는 땀의 성분은 같을 수가 없다. 즐거워서 흘리는 땀과 억지로 뽑아내는 땀에는 많은 차이가 있는 것이다. 운동과 땀, 그리고 샤워 후의 휴식에 비길 만한 즐거움은 여태 찾지 못했다. 다가오는 토요일에는 문협 테니스 회원들과 함께 예술회관 코트에서 흠뻑 땀을 흘릴 예정이다. 많은 회원들이 코트로 나와 주기를 간절히 바란다.

테니스의 운명

운동 경기 중 최고 몸값이 테니스라고 한다. 시상금이 골프보다 더 높다. 테니스하는 모습을 처음 본 건 1970년대 초 경북대 의대 코트였다. 흰옷으로 단장한 선수들이 코트 위에서 사뿐사뿐 뛰는 모습이 날아다니는 나비처럼 너무도 아름다웠다. 그런 유혹 때문이었을까. 70년대 중반 군을 제대한 후부터 그동안 즐기던 조기 축구를 테니스로 바꿨다. 레슨도 받지 않고 나 홀로 학습했으니 폼과 실력은 어설프기 짝이 없다. 우리 아파트 테니스장이 있을 때만 해도 참 열심히 누볐다. 그런 코트들이 이제는 거의 사라졌다. 구장 찾기가 힘들고, 장기간 애써 배우려는 사람도 별로 없다. 고심 끝에 구성한 문협 테니스회의 명맥 유지도 힘이 든다. 장롱 면허처럼 집에만 두지 말고 모두 코트로 나와 함께 즐기면 얼마나 좋으랴.

도와주십시오

오늘은 존칭으로 호소합니다. 테니스를 좋아하는 분들의 도움이 절실하기 때문입니다. 어제도 예술회관 테니스 코트에서 대구문협 테니스 월례대회가 있었습니다. 몇 명이 참가하였느냐고요? 말씀 드리기가 대단히 송구합니다. 평소 운동과는 거리가 먼 문인들이 의기투합하여 어렵게 조직한 테니스 모임이 자꾸 시들해져 갑니다. 만나면 더없이 즐거운데 구장에 나오기가 이토록 어렵나 봅니다. 왕년의 찬란한 기술, 집에서 썩히기 아깝지 않습니까? 예술회관 뒤 우리들의 전용 코트는 최적의 공간입니다. 대구문협 유일한 운동모임, 문협 테니스회가 소멸되지 않도록 제발 도와주십시오. 간절히 호소합니다.

(대구문학 132호, 2018. 5 · 6월호)

프로의 가치

프로와 아마추어의 간극을 생각할 때가 더러 있다. 내가 하는 일이 아마추어의 선을 넘어 프로의 수준인지를 돌아본다. 프로라고 하면 마음 자세부터 다르다. 아마추어가 하는 일과 프로가 하는 일의 결과에는 현저한 차이를 보인다. 직장 경력 사십 년에 이르고 보니 프로의 경지가 어떠한지 조금은 알 것 같다. 그런 수준에 들려면 몇 가지 기본 요소가 필요하다.

먼저 고도의 전문성이 있어야 한다. 누구나 할 수 있는 일은 프로가 아니다. 나만의 독특한 기술이 있다거나 노하우가 깃들지 않으면 프로에 이를 수 없다. 다음은 일에 대한 애정과 자부심이 충만해야 한다. 공사장에서 안전사고가 하도 많이 발생하니 '혼을 담은 시공'이란 현수막을 내건 걸 본 적이 있다. 혼과 사랑은 프로가 갖춰야 할 필수 덕목이라 할 수 있다. 프로는 현실에 만족하지 않고 창의성을 바탕으로 개선 발전시키는 노력을 끊임없이 기울인다. 종전에 하던 대로 답습해서는 결코 프로의 단계에 도달하지 못한다. 마지막으로 프로는 거짓과 술수를 모르는 장인정신을 지닌다. 남을 속인다거나 생산 원가 절약을 위해 재료를 적게 사용하는 등의 얄팍한 꼼수는 상상조차 할 수 없다.

아내가 직장에 가면서 내게 부탁하였다. 언제든지 시간이 나면 구두 굽을 좀 갈아 달란다. 계절이 바뀌면서 평소 보이지 않던 새로운 구두를 내놓고 갔다. 구두만 달랑 들고 가기가 어색해 비닐에 싸서 쇼핑백에 감췄다. 영어 공부하는 길에 들고 다녔지만 여성 구두라고 눈치 채는 사람은 아무도 없을 것 같았다.

참 오랜만에 찾아보는 수선점이다. 가게 숫자도 많이 줄었는지 눈에 잘 뜨이지 않는다. 구두를 수선할 만큼 오래 신지 않기 때문일까. 아니면 운동화와 같은 다른 신발을 많이 신기 때문일까. 예전에 본 적이 있는 가게에는 마침 주인이 자리를 지키고 있다. 일거리가 없는 듯 우두커니 바깥만 바라보다가 내가 들르니 반색을 한다.

예리한 조각칼로 굽 아랫부분을 떼어낸다. 장갑도 끼지 않은 맨손으로 손질하는 모습이 위태해 보인다. 정교한 작업을 위해서는 장갑 착용이 거추장스러운가 보다. 손 움직임이 점점 빨라진다. 한쪽 신발은 좀 비뚤어지게 닳았다. 신발 닳은 바닥만 보면 어떤 걸음걸이인지를 알 수 있다고 한다. 비뚤어진 부분을 보완하기 위해 다른 조각을 하나 더 붙인다.

커다란 고무천에서 굽 크기로 잘라 강력본드로 접착시킨다. 접착된 부위를 더욱 견고하게 유지하기 위해 작은 못을 박는다. 망치에 적절한 힘을 가하지만 못들이 제대로 순응하지 않는다.

얌전하게 몸을 맡기는 놈이 없다. 일생 동안 사람의 발아래서 짓밟혀야 하는 아쉬움이라도 있어서일까. 하지만 단련된 손놀림을 이기지 못하고 제자리에 안착한다. 몇 차례의 시도 끝에 밑창이 교체되고 다음 순서를 기다린다.

이번에는 고친 부위의 터덜터덜한 곳을 부드럽게 손질한다. 예전 같으면 사포로 애써 문지르던 것을 이제는 빙글빙글 돌아가는 전동 그라인더에 갖다 대기만 하면 된다. 일은 일사천리로 진행된다. 과거 반 시간쯤 걸리던 일도 이젠 십여 분이면 족하다. 끝났나 싶었는데 다음 절차가 기다리고 있다. 보호천도 걸치지 않은 바지 위에 신발을 올리더니 손으로 구두약을 듬뿍 바른다. 물 묻은 천으로 구두를 닦는데 윤기가 넘친다. 마치 새 생명으로 다시 태어나는 구두 같다.

솔직히 수선 집에 들르기 전에는 수선비가 얼마나 나올지 먼저 알아보고 싶었다. 하지만 가게에 들어서는 순간 용기가 사라져 버렸다. 전문가에게 값을 흥정하는 것은 도리가 아니라 여겨졌기 때문이다. 비록 값이 비싸다 생각되더라도 수선하지 않고 돌아설 처지가 못 되는 게 아닌가. 가져온 쇼핑백에 구두를 넣으면서 조심스레 가격을 물었다. 예상했던 것보다는 좀 비싸게 여겨졌지만 그의 능숙한 솜씨와 정성에 비한다면 아무 것도 아니다. 얼마나 긴 세월 동안 갈고 닦은 기술인데 금액으로 따진단 말인가. 지폐와 함께 고마움을 얹어 드리고 나니 맘이 편했다.

나는 직장생활 사십여 년 동안 줄곧 프로 자세를 잊지 않으려 애썼다. 조금이라도 조직에 도움이 되어야겠다는 일념으로 일했다. 어떤 개인사가 있어도 조직가치 다음 순으로 미뤘다. 내 입장을 너무 앞세우다 보면 불만이 자란다. 업무도 종선대로 답습하기보다는 개선 발전시키는 데서 보람을 찾는다. 남보다 먼저 달리다 보니 동료들로부터 눈총받을 때도 있었다. 하지만 문제의식과 창의성 발휘가 어려운 조직은 내 성미에 맞지 않는다.

변화와 열정은 일하는 즐거움을 배가시켜 준다. 물이 고이면 썩듯이 맡은 일에 생동감과 역동성을 잃으면 금방 도태하고 만다. 대화를 해보면 업무에 임하는 자세를 알 수 있고, 나타난 결과를 보면 어떤 경지에 이른지를 어느 정도 파악할 수가 있다. 프로는 운동장에만 존재하는 것이 아니라 사회 각 분야에 널리 퍼져 우리 사회의 희망이 되고 있다. 자기가 하는 일에 애정과 긍지 그리고 전문성을 가진 장인, 즉 프로의 가치는 보통 사람의 눈으로 가늠하기는 힘들어 보인다.

(문장 제39호, 2016. 겨울호)

주례를 서다

벅찬 흥분을 자제하기 어려웠다. 오랜 나의 꿈이 이루어지는 행복한 순간이다. 나는 너무도 주례의 자리에 서보고 싶었다. 예식장에 가는 기회만 생기면 식사하는 일을 뒤로 미루어 둔 채 주례 선생님의 말에 귀를 기울이곤 하였다. 어떤 뛰어난 위인이기에 이토록 영광스런 자리에서 신랑 신부에게 일평생 가슴속에 간직할 당부의 말을 전할 수 있는지 부럽기 짝이 없었다.

나는 30년도 더 지난 결혼식 주례 선생님의 말씀을 지금껏 기억하고 있다. 존경하는 교수님이 주례를 선 데다 주례사가 무척 구체적이었기 때문이다. 나의 은사님이다 보니 아내보다는 내 쪽을 보다 많이 알고 계셨기에 나에 관한 이야기가 길어질 수도 있었을 터이다. 교수님은 내가 일학년을 마치고 경제학과에서 사회복지과로 전과한 사실까지 거론하면서 올곧은 정신을 칭찬하셨다. 이 바람에 처가 쪽에서는 편파적인 주례사라며 불평스런 농담이 나올 정도였다. 하지만 나는 소중한 주례사를 가슴 깊이 새기면서 평생 동안 그 말씀을 실천하는 게 은사님에 대한 마땅한 도리라고 생각하였다.

귀중한 주례를 요청해온 사람은 나의 중학교 동창생이다. 마산서 있을 아들 결혼식 주례를 맡아 달라는 부탁을 해왔을 때는 잘 믿어지지가 않았다. 대구도 아닌 타지에서, 또 나와는 이렇다 할 교분도 없는 성싶은데 무얼 믿고 이런 소중한 기회를 나에게 베푼단 말인가. 인륜대사에서 주례의 자리까지 제공하니 감사한 마음이 떠나질 않았다. 친구를 믿고 귀히 여기는 마음이 없다면 불가능한 일이라 생각하고 정성 들여 준비하기로 마음먹었다.

기쁨에 들뜬 나머지 바로 다음 날부터 인터넷을 뒤져 주례에 관련된 내용들을 두루 섭렵하기 시작하였다. 주례는 대부분이 은사, 그중에서도 대학 교수와 학교장 출신들이 많이 맡아 오고 있다. 물론 예식장에 소속된 전속 주례를 제외하고 하는 말이지만 은사의 중요성이 돋보인다. 제자가 은사님으로부터 평생을 살면서 교훈이 될 수 있는 이야기를 청해 듣는다는 건 무척 의미 있는 일이기도 하다. 한데, 나같이 별 보잘것없는 사람이 엄숙한 주례의 자리에 선다는 게 가당키나 한 일인가. 가슴속에 이는 흥분과는 또 다른 두려움이 조금씩 밀려오고 있었다.

먼저 마음에 두고 있었던 주례사 내용을 나름대로 정리해 보았다. 하지만 누구나 의례적으로 하는 주례사와 별반 다름이 없는 평범한 이야기에 불과하다. 젊은이에게 어울리는 창의적이고 용기를 심어주는 주례사를 하고 싶었다. 생각 끝에 고안해 낸 메시지가 '배우자'(Learn, Study)이다. 부부를 서로 호칭할 때 '배우자'(Mate, Partner)라고도 하지 않는가. 학습 과정에 놓인 젊은이에게 배움의 색다른 의미를 결혼이라는 대사에 접목해 주고 싶었다. 흔히들 '하루가 즐거우려면 목욕을 하고, 한 달이 즐거우려면 친구를 사귀고, 일 년이 즐거우려면 결혼을 하고, 평생이 즐거우려면 배우라'고 하였다. 이 경구에 착안하여 즐거운 결혼생활에 더해 배움의 자세까지 갖춘다면 어찌 일평생이 행복해지지 않을 수 있겠느냐는 나대로의 메시지를 전하는 데 초점을 맞췄다.

배움이란 자신을 낮추는 겸손에서 비롯되는 것이요, 무한한 발전 가능성을 지니는 것이기 때문에 신혼부부의 교훈으로 삼기에 충분하다고 생각하였다. 그것은 첫째로 부부간의 배움(사랑)이요, 다음은 부모로부터 배움(효도)이요, 마지막으로는 경쟁사회에서 이길 수 있는 수단으로서의 배움(성공)이라는 3요소로 구성하였다. 집에서 연습도 몇 차례나 해 보았다. 축하객들이 지루하지 않도록 주례사 길이도 4, 5분 이내로 맞췄다. 점수가 짜기로 유명한 아내도 주례사를 듣고 나더니 별 불평이 없는 바람에 크게 좌절하지는 않았다. 예식 당일에는 잠자리에서 일어나자마자 내 나름대로 주례사를 읊조려 보았다. 분위기가 보다 충실히 살아나도록 여태 공개하지 않은 사족도 조금 보탰다. 하지만 내가 서둘러 삽입한 이 췌언이 화의 근원이 되고만 사실은 두고두고 아쉬움으로 남는다.

휴대폰으로 주례 광경을 열심히 담고 있는 아내가 크게 놀라는 표정이다. 당초 리허설 때 나온 낯익은 각본이 아니라 옆길로 새고 있는 주례사가 무척 걱정되었는가 보다. 얼마나 멀리 다른 길로 갈 것인지, 대사가 꼬이고 나면 다시 원상회복이 어려울 거라는 우려에서 가슴을 졸였다고 하였다. 신랑·신부는 물론 하객들을 바라보면서 내 나름대로 여유를 찾으려 노력하였으나 어찌 완벽하기를 바랄 수 있으랴. 큰 실수를 하지 않은 것만으로 위안 삼아도 좋을 것이다. 괜히 분위기를 부드럽게 한답시고 즉흥적으로 끼워 넣은 애드립들이 스타일을 구긴 듯싶었다.

하지만 어쩌겠는가. 나의 데뷔 무대가 이 정도 수준에서 무사하게 끝난 것을 다행으로 생각한다. 평소 아내에게 신뢰를 주지 못하는 남편이라면 엄두도 낼 수 없는 일이 아니겠는가. 아내가 군소리하지 않고 먼 길을 동행해준 것만으로도 고마운 일이다. 주례에 나서기에 앞서 자신을 돌아보는 일이 우선되어야 한다는 새로운 교훈을 얻는다. 주례의 자리는 그동안 쌓은 인격과 지혜를 바탕으로 새로 출발하는 신랑·신부에게 성공적인 결혼 생활의 이정표를 제시하는 소중한 시간이 아닐 수 없다. 하여 나는 앞으로 이런 주례 요청이 왔을 때 조금도 망설임 없이 응하기 위해서라도 인격 도야에 더욱 노력하리라 다짐해 본다.

(문예비전 제82호, 2013. 5·6월호)

3부

다시 읽는 군대편지

다시 읽는 군대 편지

KBS 가는 길

선생님의 자리

청소년 흡연

얼리 버드Early bird

설원의 얌체족

외래어로 작명해야 성공하나?

우리말 겨루기

재취업 오히려 막는 실업급여제도

창녕 양파의 명성 되살리자

'65세 노인 안내서'를 만들자

부부가 뭐길래

다시 읽는 군대 편지

— 군의 아들아! 힘들수록 능동적으로

2월 28일 자 조선일보 '軍사랑 18년째…' 제하의 첫 민간인 사단장 사연을 읽고 나니 옛일이 생각난다. 조선일보가 나에게 안겨준 선물을 지금까지 고이 감춰두고 있었다고나 할까. 민간인 사단장으로 위촉된 이충희 듀오 대표는 "군에 간 아들이 '아버지가 강의를 하면 2박 3일 특별 휴가를 보내준다' 해서 첫 강연을 했다."고 하였다. 나도 이와 비슷한 경험이 있다.

아들이 군 복무하던 때의 이야기다. 하루가 멀다고 걸려오는 전화가 때로는 성가시게 느껴졌다. 나의 현역 시절에 비하면 상상조차 할 수 없는 일이다. 군인인지 민간인인지 도통 구분조차 어려웠다. 귀한 자식을 군에 보낸 어머니의 마음은 다르겠지만 항상 군인의 본분을 중시해온 내 입장에서는 개선되었으면 하는 바람이 없지 않았다. 그러던 차에 아들의 손 편지가 배달되어 왔다. 무척 반가웠다.

그러나 편지를 읽은 후 나는 적지 않게 실망하고 말았다. 진정한 마음에서 우러나는 편지가 아니라 부대에서 한 통 쓰라고 해서 마지못해 쓴 편지라는 데서 쓴웃음이 나온 것이다. 당장 펜을 들었다. 아들을 향해 쓴 편지지만 많은 장병들과 함께 생각해 보았으면 하는 바람으로 조선일보에 기고했더니 며칠 후 독자 칼럼란에 폼 나게 실렸다.

군의 아들아! 힘들수록 능동적으로

입대한 지 벌써 1년이 지났구나. 늦었지만 상병 진급을 축하하며 남은 기간도 더욱 보람되고 알찬 병영생활이 되기를 빈다. 며칠 전 보내준 편지는 잘 받았다. 그런데 그게 뭐니? 부대에서 한 통 쓰라고 해서 마지못해 썼다고? 그런 피동적인 모습보다는 보다 긍정적이고 적극적인 너의 모습을 보여 주었더라면 하는 아쉬움이 없지 않았다.

지난번 휴가 때도 조금은 섭섭했음을 고백할 수밖에 없구나. '충성' 구호와 함께 씩씩하게 거수경례하는 모습을 기대했는데…. 물론 네 마음을 이해하지 못하는 바는 아니지만, 대학생 때와는 다른 군인다운 모습을 보고 싶었던 게 솔직한 심정이었다. 많은 관심과 사랑을 주셨던 이웃 분들도 제복 입은 늠름한 모습을 보았다면 얼마나 대견해 하였겠니. 집에 오자마자 군복을 벗어 버리고 귀대 때에야 다시 제복을 찾는 너를 보면서 30년이 다 되어가는 나의 군 생활이 생각나 몇 가지를 당부해 두고 싶구나.

매사에 적극적인 사고로 폭넓은 체험을 하기 바란다. 힘들고 고통스런 순간일수록 보람도 크고 오래도록 기억에 남는 법이니 유격 구보 행군 등 혹독한 훈련일지라도 전우애를 발휘하여 서로 협조하며 능동적으로 임해 주었으면 하는 마음이다. 또 새로운 전우들과 교분을 두터이 하면서 그들의 장점을 배우고, 그들의 고향에 대한 이해를 높여주기 바란다. 다양한 자질을 가진 각지의 친구들과 사귀면서 내일을 설계하고, 휴가 때는 여행을 통해 견문을 넓힐 수 있다면 더욱 좋겠지. 마지막으로 독서와 편지 쓰는 시간이 많았으면 좋겠다. 집으로 자주 전화하려 애쓰기보다는 편지 쓰는 버릇을 기를 수 있도록 부대에서 배려해 주었으면 하는 바람이다.

부모와 자식 간에, 친구 간에 언제 또 편지할 기회가 있겠니. 학창시절 못다 한 독서와 편지를 쓰는 것도 소중한 경험이 될 것이기에 하는 말이다. 획일화되고 무미건조하다는 군 생활 속에서도 너만의 가치를 발견할 수 있다면 그것만큼 보람된 일이 어디에 있을까. 절반을 넘긴 너의 군 생활이 보다 건강하고 활기 넘치기를 기원하면서 이만 줄인다. (조선일보, 2002. 12. 11)

이 글이 신문에 실린 후 전방의 아들한테서 전화가 걸려왔다. 우연하게도 부대장이 칼럼을 읽은 모양이다. 장병들의 신상 정보에서 필자를 확인한 것으로 짐작된다. 그렇잖아도 부대장은 군을 사랑하는 내 글이 맘에 들어 전 장교들의 수첩 맨 앞에다 복사본을 붙여 두고 읽으라는 지시를 한 참이었다. 그런 사람이 자기 부대 병사의 아버지라니 얼마나 반가웠으랴.

나의 각별한 군대 사랑의 정신을 장병들에게 널리 전하도록 특강을 요청해 온 것이다. 아들의 진솔한 고백에서 비롯된 난센스가 도리어 큰 성과로 되돌아온 셈이다. 전역한 지 수십 년이 지났지만 군을 사랑하는 마음은 한결 같다. 다시 한번 입대하라고 해도 나는 기꺼이 달려갈 것이다. 수백 명의 장병 앞에서 강연할 기회가 생기다니 이보다 기쁜 일이 어디 있을까. 부대장은 나와 비슷한 연배의 충직한 군인으로 여겨졌다. 내가 쓴 칼럼을 자랑하듯이 장교 수첩에서 꺼내 보인다.

시종 흥미진진하게 혼신을 다해 펼쳐 나갔다. 군 시절 분대장 견장과 호루라기, 군번줄, 그리고 당시에 주고받은 연애편지까지 동원하여 실감나게 강연했더니 장병들의 박수갈채가 쏟아졌다. 그동안 졸였던 맘이 일시에 풀리면서 벅찬 희열이 몰려왔다. 이때 부대장은 아들을 연단으로 불러내었다. 강연에 대한 감사와 함께 5일간의 포상휴가증을 수여한다. 아버지와 함께 집으로 가도록 조치한 일로 아들은 감동에 겨운 표정이다. 다시 읽는 군대 편지가 병영의 장병들과 그들의 가족에게 위로가 되었으면 하는 바람을 가져본다.

(문장 제44호, 2018 봄호)

KBS 가는 길

KBS 한국방송, 얼마나 가보고 싶은 곳이었는지 모른다. 찾아가는 길을 몰라서가 결코 아니다. 갈 수 있는 계기가 마련되어야만 가능한 일이다. 인기 프로인 '아침마당'을 통해서? 아니면 '우리말 겨루기'를 통해서라도 꼭 한번 방문해 보고 싶은 곳이 아니었던가.

첫 시도는 지난해 10월경 이루어졌다. KBS '우리말 겨루기' 대구 예심이 있다는 자막을 보고 맘이 설렜다. 먼 서울까지 가서 도전할 엄두는 못 내고, 또 내 실력을 익히 아는 터라 대구에서 진행되는 경쟁에 뛰어들고 싶었다. 행여 낯익은 얼굴이라도 나올까 봐 몸을 잔뜩 낮추고 방송국을 찾았다. 수많은 사람들, 반짝이는 눈들 속에 몸 둘 바를 몰랐다. 제발 첫 관문만이라도 통과하기를 간절히 바랐다.

실제 방송과 동일한 방법으로 스무 문항을 풀게 된다. 담당 피디가 안내하는 대로 지정된 시간 안에 모두 마쳐야 한다. 생각보다 문제가 어렵다. 이러다가 초반 탈락하는 수모를 겪고 빈손으로 돌아가는 게 아닌가. 제발 첫 단추만이라도 꿰게 해 달라고 빌고 또 빌었다. 이백여 명의 참가자 중에서 이십여 명을 1차 선발한다. 성적순으로 호명해 나가는데 마음이 조여 온다. 다행히 뒷부분에서 겨우 턱걸이를 하였다.

이들을 대상으로 바로 공개 면접에 들어간다. 여섯 명의 면접 위원들이 진행하는데 실로 가관이다. 최종 합격을 위해 온몸을 다 던진다. 우리말 실력은 물론이거니와 자기만의 장기도 필요하다. 노래면 노래, 춤이면 춤, 입만 열면 술술 풀어져 나온다. 마치 우리말 겨루기를 위해 태어난 사람들 같다. 출연하지 못하면 큰 사고라도 칠 것처럼 숫제 협박조로 나오는 참가자도 있다. 의사, 변호사, 미스코리아, 영어 교사 등등 직업도 다양하다.

예상대로 최종 면접에서 탈락하고 말았다. 실망감보다는 내 실력을 평가받을 수 있는 좋은 기회라 여겨졌다. 호기심만으로 뛰어들었다가 1차 관문이라도 통과했으니 첫 목표는 이룬 셈이 아닌가. 누가 묻더라도 대답할 명분은 가졌다. 우리말에 자신 있는 사람은 누구라도 나서보라지. 결코 호락호락한 곳이 아님을 알 수 있을 것이다.

여기서 멈출 수는 없다. 이번에는 관록의 장수 프로인 '아침마당'이다. 이 중에서 내가 노릴 수 있는 무대는 수요일의 '전국 이야기 대회, 내 말 좀 들어봐' 코너이다. 세상 살아가면서 겪은 감동의 이야기를 풀어내는 시간이다. 누구나 숨겨둔 비밀과 아픈 옛 추억이 있기 마련이다. 나에게도 그런 사연이 있다. 누나의 눈물겨운 이야기다.

우리 집은 6남매로 누나, 형, 나, 그리고 아래로 남동생 하나와 여동생 둘이 있다. 어려운 농촌 살림이어서 자녀 공부가 그리 녹록지는 않았다. 남아 선호사상 속에 딸의 상급학교 진학은 더욱 어려웠다. 죄 없는 누나한테 그런 시련이 다가올 줄 누가 알았으랴.

누나는 우리 육남매 중에서도 머리가 가장 좋았다. 학교 문턱에 가본 적도 없지만 기억력이 비상한 할머니를 닮아 한 번 들은 숫자는 잊어버리는 법이 없다. 식구들의 생일과 출생 시간은 물론 마을 사람들의 생일까지도 모두 기억하는 뛰어난 두뇌였다. 초등학교 6학년 때 서울 D 상고에서 개최한 전국 학생 주산경기대회 암산 부분에서 1등을 한 적도 있다.

시골 중학교를 나온 누나는 부산에서 명문으로 손꼽히는 B 여상에 거뜬히 합격한다. 모교는 물론 온 동네가 떠들썩할 정도로 찬사가 이어졌다. 하지만 부모님의 마음은 그게 아니었다. 바로 그해 이웃집이 도시로 이사 가면서 집을 팔려고 내놓은 것 때문이다. 농촌 실정을 아는 분은 금방 이해가 가겠지만 마당이 좁으면 여간 불편하지가 않다. 타작을 하면 온갖 먼지는 죄다 마루와 방 안으로 날아들기 마련이다.

마당이 좁아 불편을 겪어온 부모님에게는 놓칠 수 없는 기회이다. 무리를 해서라도 옆집을 사는 수밖에 없다. 더욱이 누나가 먼저 고교에 진학해 버리면 형과 나의 학업이 어려워진다는 점을 모를 리 없다. 이런 사정 때문에 누나의 고교 진학은 결국 좌절되고 만다. 어린 마음에 충격이 얼마나 컸겠는가. 그 후 누나는 눈물의 나날을 보내야 했다. 시골서 농사일을 거들던 누나가 나중에는 부산에서 직장을 가진다.

누나는 힘들게 직장 생활하여 형과 나의 학비, 생활비는 물론 시골 부모님에게도 돈을 보내 드리는 억척스런 딸로 남는다. 자신을 희생하면서 두 동생을 키운 노력을 생각하면 눈물겹도록 고맙다. 어려운 가정 형편 속에서 자녀 공부를 위해 흘린 부모님의 땀은 자주 회자되지만 누나들의 희생은 잘 조명되지 않고 있다. 나는 이 사실을 알리기 위해 KBS를 노크한 결과 천 대 일이 넘는 치열한 경쟁을 뚫고 출연 문을 활짝 열었다.

인기 프로인 '아침마당'의 현장에 주인공으로 우뚝 설 줄 꿈이나 꾸었으랴. 이른 새벽 더듬어 찾아가는 여의도 길은 온통 흥분으로 가득 찼다. 화면으로만 보아온 우람한 건물, 역사적인 이산가족 찾기 현장, 항상 호기심으로만 남았던 스튜디오, 보고 싶었던 아나운서, 그리고 방청석의 사람들……. 나는 벅찬 가슴을 억누를 수가 없었다. 진행되는 순서 하나하나도 빠뜨리지 않고 가슴속에 담는다. 생방송 프로가 완성되기까지의 어렵고 까다로운 절차들이지만 출연은 시종 즐겁기만 하였다. 나의 사랑 KBS 한국방송 만세다.

(대구문학 제127호, 2017. 7 · 8월호)

선생님의 자리

한꺼번에 이만큼 많은 편지를 받은 적이 언제 있었던가. 군대 시절 유명 월간 잡지에 작품이 게재된 후 수없이 답지하던 경우 외에는 아마도 처음인 듯싶다. 내가 근무하는 과학교육원을 다녀간 초등학생들이 집단으로 감사 편지를 보내온 것이다. 고맙기도 하고 감동에 겨워 종일 들뜬 기분으로 지냈다.

요즘처럼 선생님을 자주 만나는 기회는 일찍이 없었다. 초·중·고 선생님들을 두루 접하지만 그중에서도 초등학교 선생님들이 주류를 이룬다. 그들을 만나면서 가지게 된 생각도 꽤 다양하다. 한 자녀 가정이 많아지면서 자녀들에 대한 부모의 자식 사랑의 방법도 많이 달라지고 있다. 또래 친구들과 함께 어울리기보다는 개인 중심으로 흐르는 경향도 보인다. 또 교육계에서는 어떤 유형의 체벌도 허용하지 않기 때문에 선생님들의 운신 폭은 나날이 좁아지고 있는 것도 사실이다.

그러함에도 불구하고 선생님의 능력을 과소평가하기에는 무리가 따른다. 선생님의 노력 여하에 따라 학생들의 태도는 확연히 차이가 난다. 학생들을 살갑잖게 대한 경우, 교육자로서의 소명 의식을 가지고 제자들을 사랑으로 대할 때 그들의 모습은 너무도 다르게 나타난다. 동물은 물론 식물도 인간의 사랑을 느낄 수 있다고 하지 않던가. 하물며 한창 성장하는 어린 학생들이야 두말할 나위가 있으랴. 물론 가정교육이 우선 되어야 하겠지만 어려운 때일수록 선생님의 투철한 교육관과 학생 사랑의 정신은 더한층 고양되어야 함을 절실하게 느낀다.

나는 선생님에 대한 독특한 선입관을 가지고 있다. 선생님은 누구나 할 수 있는 직업이 아니다. 폭넓은 학식과 진정으로 제자를 사랑으로 대할 수 있는 정신으로 무장되지 않으면 결코 감당할 수 없는 일이라 여긴다. 나는 교사 자격증을 두 개나 가지고 있지만 잠시 몸담은 경력에 그치고 말았다. 선생님을 하늘처럼 우러러보고 싶은 마음을 늘 가진다. 보통사람보다는 뭔가 달라도 다를 것이라는 기대를 접어본 적이 없다.

많은 교사들을 만나면서 가지게 된 생각은 더욱 굳어지고 있다. 일부 교사들의 모습에서는 고개가 갸우뚱거려진다. 교단의 애로사항들을 줄곧 외치고 있고 열악한 교육 환경을 모르는 바 아니지만 교사로서의 기본은 지켜야 마땅하다. 학생들이 탐구 활동에 열중하고 있는데도 불구하고 선생님은 딴전을 피우고 있다. 어떤 교사는 학생들의 탐구 활동을 도와주기는커녕 구석진 곳에서 휴대폰에만 매달려 있는 모습을 보면서 과연 선생님이 설 자리가 어딘지를 깊이 생각하게 된다.

학생들과 동행하면서 그들의 탐구 활동을 돕는 것은 기본적인 일이다. 선생님이 학생들과 유리되어 행동하는 모습을 바라보는 마음은 한없이 우울하다. 나는 선생님이 보이지 않으면 학생을 시켜 반드시 모셔오도록 한다. 탐구실에서 학생들이 어떻게 활동하고 있는지, 또 학생들에게 있을지도 모르는 갑작스런 상황을 예방하는 책임도 담임교사에게 있는 것이다. 학생들을 내버려 두고 따로 행동하는 모습을 볼 때마다 화가 치민다. 학생들과 어울려 호흡을 같이하는 선생님은 무엇이 달라도 다른 점을 쉽게 느낄 수 있다. 탐구활동을 마치고 방을 나서는 선생님으로부터 종종 듣는 말이 있다.

"선생님과 두어 차례만 함께하면 아이들의 행동이 많이 바뀔 것 같습니다."

이보다 더 기분 좋은 말이 어디 있을까. 매일 담임선생님만 대하던 학생들이 교육원에서 처음 만나는 해설사로부터 듣는 찬사는 쉬이 잊히지 않을 것이다. 짧은 만남이지만 가능하면 칭찬을 많이 해 주기 위해 유심히 살핀다. 학교 선생님들이 하기 어려운 부분을 콕 집어 주의를 환기시켜 주면 잘 따른다. 초등학교 저학년일수록 순수한 마음이, 도심에서 떨어진 변두리 학교일수록 고운 심성이 느껴진다. 그런 순수의 바구니에 사랑을 담는다면 그들의 영혼까지도 맑아질 거라는 기대를 가져본다.

삼십여 통에 달하는 손 편지를 다시 펼쳐 든다. 연필로 또박또박 쓰면서 아이들은 어떤 생각을 가졌을까. 부모님과 선생님, 그리고 많은 친구들이 있지만 유독 나에게 편지를 쓰겠다는 그들의 정성이 얼마나 고마운지 모른다. 그들의 순박함이, 그리고 주고받은 대화 속에서 오래 기억될 말들이 소담스레 담겨있다. 내 말을 허투루 듣지 않은 착한 학생들이다. 한 사람 한 사람에게 모두 쓸 수가 없어 담임선생님에게 답장을 보냈다. 이날의 감동을 많은 분들과 나누고픈 마음에서 교육청 홈페이지에도 올렸더니 댓글이 따라왔다.

- ○ 감사합니다. 선생님. 아이들에게 편지 쓰는 즐거움을 알게 해 주셔서 제가 더욱 고마운 마음을 전해 드립니다.
- ○ 이렇듯 우리 아이들을 칭찬해 주셔서 감사합니다. 우리 아이들은 어디다 내놓아도 부끄럽지 않을 만큼 멋진 아이들임을 늘 자부하고 있었지만 다른 사람으로부터 듣는 칭찬은 정말 기분 좋습니다. 아이들의 작은 정성에도 이렇게 감동의 글을 올려주시는 선생님이야말로 진정한 선생님이십니다. 행복한 아이들로 성장할 수 있도록 더 많은 노력을 하겠습니다. 감사합니다.

아이들은 선생님의 사랑을 먹고 자란다. 애정에 굶주린 어린이는 얼굴과 행동에서 표가 난다. 학교에 따라서 학생들의 태도와 분위기가 다르고, 또 같은 학년이라고 하더라도 담임선생님의 태도에 따라 다른 모습을 보이는 데 크게 놀란다. 예전에 비해 선생님의 위상이 많이 낮아지고 설 자리가 좁아졌다고들 불평하지만 이렇게 다른 반응을 보이고 있는 데 대해 어떤 설명을 내놓을지 궁금하다. 아이들의 밝은 표정은 전적으로 교사들에게 달려있다. 선생님의 가없는 사랑만이 어린 새싹들의 내일을 밝혀줄 수 있다는 점을 늘 가슴에 새겨주면 좋겠다. (수필미학 제13호, 2016. 가을)

청소년 흡연

정말 어처구니없는 일이 아닐 수 없다. 십대의 중학생들이 집단으로 칠순 노인을 폭행해 어르신이 입원까지 했다는 보도다. 담배를 달라며 버릇없이 손 내미는 손자뻘 되는 아이들을 꾸짖었다가 이들로부터 몰매를 맞았다니 말문이 막힌다. 세상이 어쩌다 이 지경에까지 이르렀단 말인가.

거리를 나서면 담배를 물고 다니는 청소년이 왜 이렇게도 많은지 모르겠다. 어른들의 시선을 피하기는커녕 나 보란 듯이 대놓고 피워대는 모습을 보면 탄식이 절로 나온다. 심지어 교복 차림의 중고생들까지 담배를 꼬나물고 다니는 걸 보면 한심하다 못해 분노가 치밀어 오른다. 간섭하는 어른이 없다 보니 안하무인격이다. 자칫 충고라도 했다가는 어떤 봉변을 당할지 몰라 모두가 나서기를 꺼린다. 실제로 새벽 운동 길에 담배꽁초를 길바닥에 집어던지는 젊은이들을 충고했다가 하마터면 크게 화를 입을 뻔한 경험까지 있으니 말이다.

담배 피우는 청소년들은 거의 공통적으로 잘못된 버릇을 달고 다닌다. 길을 걸으며 담배 피우는 것에 대한 부끄러움과 어른들에 대한 두려움이 눈곱만치라도 있다면 이런 추태는 보이지 않을 것이다. 불을 끄지 않은 채 담배꽁초를 길바닥에 팽개치는 경우가 다반사고, 흡연 후 가래침을 마구 뱉는 모습이 너무도 공공연하게 자행되고 있다. 거리 곳곳이 담배꽁초와 가래침으로 어지럽혀진 모습을 볼 때마다 청소년 일탈의 현주소를 보는 것 같아 가슴이 쓰려온다.

한국금연연구소가 발표한 2005년 통계에서 성인의 흡연은 전년대비 10% 가까이 감소한 데 비해 고등학생은 14.5%에서 15.7%로, 대학생은 42.7%에서 45.9%로 증가하고 있다. 미국국립암연구소는 "18세 이하가 담배를 피우면 유전인자에 영구적인 변형이 생겨 담배를 끊더라도 암 발생 위험은 그대로 지속된다. 암 발생 위험은 담배를 얼마나 오래, 얼마나 많이 피웠는가보다 얼마나 일찍 피우기 시작했는가가 중요하다."며 조기에 담배 피우는 청소년들을 경고하고 있다.

담배는 보통 호기심과 모방, 환상에서 출발하여 차츰 중독으로 바뀐다. 처음부터 담배를 피우지 않으면 더 바랄 게 없지만 중증으로 변하기 전에 돌아서도록 하는 것이 보다 효과적이다. 청소년들의 흡연을 방지하기 위해서는 어른들의 모범된 행동이 선행되어야 함은 두말할 나위가 없다. 나는 대학에 들어갈 무렵의 아들에게 긴히 타이른 적이 있다. 치열한 입시경쟁에서 해방된 기분이 자칫 흡연과 같은 일탈로 이어질까봐 걱정이 되어서였다. 그 후 군대를 다녀오고 복학하여 마지막 학기를 남겨두고 있지만 담배를 전혀 피우지 않는 것을 무척 다행으로 여긴다. 부모는 버젓이 담배를 피우면서 자녀들에게 금연하도록 조언하는 것은 사리에 맞지도 않을뿐더러 효과를 기대하기도 어렵다.

흡연을 지속해 온 어른들은 좀 어렵더라도 담배를 단호히 끊어 자녀들에게 모범을 보여야 마땅하다. 자녀들에게는 성장기의 흡연이 인체에 얼마나 위해한지를 명확히 인식시켜 담배에 관한 환상을 아예 갖지 못하도록 하는 일이 중요하다. 청소년 흡연의 일차적인 책임이 가정에 있다는 사실을 부인할 사람은 아무도 없을 것이다. 조기 흡연으로 인해 아까운 젊음이 꽃도 피우지 못한 채 시드는 일이 없도록 청소년들의 각성과 더불어 어른들의 적극적인 관심과 솔선수범이 어느 때보다도 절실히 요청된다.

(팔공신문, 2006. 12. 14)

얼리 버드Early Bird

기회가 되면 공개하고 싶은 오랜 습관이 있습니다. 나는 사십 년이 넘도록 한결같이 새벽 네시에 일어납니다. 하지만 아직도 반신반의하고 그처럼 이른 시간에 무엇을 하는지 궁금해 하는 분이 적지 않습니다. 영어 사용을 즐기는 대통령의 말을 빌려 '얼리 버드'에 관한 이야기를 하려 합니다.

내가 일찍 일어나기 시작한 것은 중학교 2학년 때부터입니다. 자갈로 가득한 '마구선로' 왕복 60리 길을 이태 동안 통학하였습니다. 자전거 페달을 아무리 열심히 밟아도 두 시간은 족히 걸립니다. 늦게 집에 도착하여 저녁을 먹고 나면 피곤에 지쳐 금방 쓰러져 잡니다. 잠에서 겨우 깨어나면 바로 학교 갈 시간이 되어 버리니 공부할 틈이 있어야지요. 교회 종소리가 들리는 네시에 깨워달라고 할머니에게 수없이 당부하고 떼를 쓴 끝에 어렵사리 실행에 옮길 수 있었습니다.

버릇이 정착되기까지는 체육 선생님의 영향도 큽니다. '먹고, 자고, 싸고' 즉 '쓰리 고'를 충실히 이행하는 것이 건강의 기본이라고 하였습니다. 적당한 식사를 하고, 일정한 수면을 취하며, 기상 즉시 화장실에 들러 완전히 배설하라고 한 말이 나의 생활 철학이 된 것입니다. 네시가 가까워 오면 뱃속이 더부룩하고 시끄러워 더는 누워있을 수가 없습니다. 알람시계 한번 갖지 않고 매일 동일한 시간대에 일어난다면 얼마나 믿어 주실지 모르겠습니다.

눈을 뜨면 물 한 컵을 마신 후 신문을 들고 화장실로 갑니다. 그곳에서 10분, 조깅 30분, 신문읽기 한 시간여, 나머지 시간에는 독서와 습작, 이어 식사 준비 후 7시경 가족을 깨웁니다. 평소보다 조금 늦게 일어나면 일과에 차질이 생기고 리듬이 깨어져 불편을 겪게 됩니다. 바깥 약속이 없으면 보통 열시 반쯤에 잠자리에 드는데 수면이 부족하다고 느낀 적은 거의 없습니다. 주로 TV를 시청하며 보내는 저녁 시간보다 새벽은 온전히 나만을 위한 일에 전념할 수 있어 좋습니다.

도심에서 영롱한 새벽별을 볼 수 있다는 것은 소중한 행복입니다. 새벽 운동은 건강을 안겨주고 정신을 맑게 하며 생활에 활력을 불어넣어 줍니다. 마라톤 대회서 몇 차례 우승한 것이나 슬로건 공모에 연이어 당선되고 수필집을 낸 것도 새벽 기상 덕분입니다. 새벽형과 저녁형의 유불리를 따지고 싶은 생각은 조금도 없습니다. 다만 새벽형 인간이 되고 싶은 사람은 자신의 결심을 주변에 먼저 알린 후 그 약속이행을 위해 부단히 노력한다면 결코 어려운 일만은 아닙니다.

(매일신문 '매일춘추', 2009. 11. 20)

설원의 얌체족

꿈같은 설원은 실로 눈부셨다. 현란한 몸짓으로 맘껏 기술을 자랑하는 스키어들을 바라보는 것만으로도 즐겁고 가슴 후련한 일이다. 자동차로 세 시간 넘게 달려온 보람이 이것인가 싶을 정도로 황홀경에 흠뻑 빠졌다. 하지만 당초 타보기로 마음먹은 곤돌라 매표창구 앞에서는 낭패감이 몰려왔다.

곤돌라를 타려면 무려 세 시간 이상을 기다려야 한다는 창구 직원의 말에 크게 실망하였다. 얼마나 먼 거리이며, 오죽 힘들여 달려온 여정인가. 예전에 아이들과 두어 차례 들른 적이 있지만 이번에는 좀 특별한 의미가 있다. 장인어른의 오랜 병구완에 골몰하시는 장모님을 위로하기 위한 나들이이다. 곤돌라를 타고 설천봉에 올라가 백설 세계를 만끽하면서 그동안 쌓인 스트레스를 훌훌 날려 드리고 싶었다. 곤돌라를 타기 위해 그토록 긴 시간을 어디서 기다리며, 그동안 무엇을 하며 지낸단 말인가. 탑승을 포기하고 다시 설원으로 들어가 스키어들의 묘기를 감상하는 것으로 위안을 삼고자 하였다.

한참을 구경하다 집으로 가기 위해 발길을 돌리면서 미련이 남아 다시 바라본 조금 전 매표창구는 우리의 눈을 의심하게 만들었다. 그 많던 사람들은 다 어디 가고 창구는 차라리 썰렁할 정도이다. 재빨리 달려간 아내가 확인한 대기 시간은 한 시간여. 조금 전 세 시간에 비한다면 아무것도 아니라는 생각에 탑승권을 구입한 후 식당에서 때늦은 점심을 먹었다. 입장 순서에 맞추어 번호라도 방송해 줄 줄 알고 기다리다 나중에 탑승 대기 장소로 갔더니 많은 사람들이 장사진을 치고 있다.

줄을 서서 족히 한 시간은 기다린 듯하다. 이럴 줄 알았다면 처음 문의할 때 표를 사 두었으면 훨씬 유리했을 거라며 뒤늦은 후회를 해보지만 부질없는 일이다. 기온은 영하 3도를 가리키고 있다. 바람이 불어 체감온도는 훨씬 낮게 느껴진다. 모자의 옆깃을 바짝 내려 귀까지 덮었다. 체면이나 외양보다는 내 한 몸 건사가 무엇보다 중요하다. 이윽고 탑승 장소 앞에 이르니 믿기 어려운 일이 벌어졌다. 한 무리의 스키어들이 기다란 스키를 들고 당당하게 우리 앞으로 끼어드는 게 아닌가. 순간적인 새치기에 할 말을 잊어 버렸다. 긴 줄을 따라 하염없이 기다린 우리들을 어떻게 보고 이런 무례한 일을 저지른단 말인가.

그때 마침 우리 앞에 서있던 관광객 한 사람이 강하게 불만을 쏟아내었다. 오래도록 기다린 다중 앞에 끼어든 그들을 도저히 용서할 수 없다는 기세이다. 한마디 사과도 없는 그들이 괘씸하기는 나도 마찬가지이다. 그이가 워낙 큰 소리로 노발대발하는 바람에 다른 사람들은 한마디 말도 거들 수 없었다.

우리 옆에서 질서유지를 담당하고 있던 관리원도 방관만 하고 있어 더욱 화가 치밀었다. 세상에 이런 불공평한 일도 있나. 중년 남성은 흥분한 나머지 이젠 원색적인 욕설을 섞어 주먹이라도 한 방 날릴 태세이다. 만류하는 부인도 아무런 소용이 없다. 이러다간 자칫 큰 싸움으로 번질까 봐 모두가 염려하는 표정들이다.

이때 건장한 체구의 스키어 한 사람이 앞으로 나서면서 크게 외쳤다. 자기들은 오십만 원짜리 회원이라며 당연한 일에 왜 참견하느냐는 투로 반격해 왔다. 그렇다면 우리들은 만이천 원짜리 싸구려 인생이라도 된단 말인가. 치미는 분노를 자제하기 힘들었다. 수많은 사람들이 바라보는 곳에서 싸움판에 끼어들까 봐 걱정이 되었던지 아내가 내 소매를 잡아당긴다. 어이없는 일이 아닐 수 없다. 한 시간 넘도록 기다린 우리 앞에 조금도 망설이지 않고 무법자처럼 끼어든 얌체족을 그냥 내버려 두어서는 안 될 일이다. 만인이 평등해야 할 리조트에서 저질러지는 가진 자의 횡포를 도저히 묵과하기 어려웠다.

정말 이러한 행동이 용납될 수 있는 일인가. 스키장에서 제도적으로 허용하고 있는 일이라면 여간 유감스런 게 아니다. 스키어들을 위한 리프트가 별도로 운영되고 있음에도 불구하고 유독 붐비는 곤돌라로 몰려든 이유가 무엇이란 말인가. 좀 더 빨리 정상으로 올라가기 위해, 아니면 공간에 노출된 리프트에 비해 찬 바람을 막아주는 곤돌라를 찾는지는 모르겠지만 불평등의 극치가 아닐 수 없다. 돈만 있으면 새치기도 합리화되고, 돈 없는 사람은 장시간 기다린 보람도 없이 억울하게 밀려나도 아무 말 못하는 세상이라면 너무도 실망스럽다.

보통 사람들이 출입하기 어려운 스키장에서 자행되는 특권층의 횡포를 이곳을 찾은 많은 어린이들이 어떤 심정으로 바라보고 있을까. 속절없이 무너지고 마는 부모의 권위를 보는 듯해 가슴이 쓰려왔다. 국내에서 손꼽히는 위락 시설이요, 외국인들도 즐겨 찾는 유명 스키장에서 이런 일이 자행되고 있다는 게 도저히 믿어지지 않는다. 돈 없으면 가진 사람들로부터 정당한 권리를 침해 당해도 문제없다는 것인지 생각할수록 화가 치밀어 올랐다. 모처럼의 나들이에서 이런 부조리한 상황을 경험하고 나니 조금 전 즐거웠던 기분은 깡그리 사라지고 서글픔이 몰려왔다.

(수필세계 36호, 2013 봄호)

외래어로 작명해야 성공하나?

해도 해도 너무하다는 생각이 든다. 고유한 우리말을 놔두고 외래어 이름들이 왜 이토록 판을 치는가. 보기도 듣기도 좋은 아파트 이름이 거의 외래어로 바뀐 지 한참 되었다. 이런 현상을 보면서 맘이 편치 않았는데 이에 질세라 뒤따라 나오는 여타 분야의 외래어 작명들은 실망을 넘어 화가 날 지경이다.

요즘은 예식장과 호텔 이름들이 거의 외래어로 탈바꿈하고 있다. 중년의 나 같은 사람도 기억하기 힘들다. 청첩장에 나오는 예식장, 호텔 이름에는 괄호 속에다가 한글 옛 이름을 병기하여 이해를 돕기도 한다. 외래어 명칭으로는 구분이 어려우니 한글 이름이 따라다니는 이중 구조가 되고 있다. 이게 모자라 약도를 보고 장소를 확인할 때도 많다.

대구에서 한글 이름을 그대로 사용하고 있는 곳은 수성호텔뿐이다. 예식장이나 호텔도 지역명을 좇아 우리말로 지으면 기억하기도, 부르기도, 찾기도 쉬울 텐데 그런 노력은 보이지 않는다.

기업 명칭도 마찬가지다. 세계화 시대에 외국인들을 배려하여 그런지는 몰라도 외래어 명칭이 무슨 유행처럼 번지고 있다. 옛 이름을 대지 않으면 어느 회사인지 구분조차 어려운 경우도 있다.

삼성이나 현대 같은 대기업은 우리말이지만 세계적으로 모르는 사람이 없을 정도다. 마치 영문 이름을 사용해야 성공하는 것처럼 무분별하게 뛰어드는 느낌이 든다. 가장 한국적인 것이 세계적이라는 말도 있지 않은가.

이뿐만이 아니다. 연예계에 나오는 신세대 가수들도 경쟁하듯이 외래어 이름을 짓는다. 이름이 난해하여 기억하기도 부르기도 어려운 사람도 있다. 예전에는 외국인 가수는 영어 이름만으로도 쉽게 구분할 수 있었다. 이미자, 나훈아, 남진, 조용필 등 우리 이름이지만 무엇이 모자라는가. 이들이 유명 가수가 되는데 지장이 있었다는 말은 들어본 적이 없다.

요즘처럼 외래어 남용 현상이 자꾸 심화되면 아름다운 우리말은 차츰 도태의 길을 걷게 된다. 국적 불명의 외래어가 주인처럼 행세하는 날이 오지 말라는 법도 없다. 온통 외래어로 넘치는 신문과 방송을 보면서 과연 이래도 되나 싶다. 언론이 국민에게 미치는 영향은 지대하다. 문제의 심각성을 누구보다 잘 아는 언론이 앞장서서 무분별한 외래어 사용을 줄이는 노력을 한다면 그 효과는 매우 클 것이다.

(조선일보, 2016. 10. 7)

우리말 겨루기

얼마나 기다렸던 일인가. 서울에는 가지 못해도, 또 실력이 부족한 건 알지만 워낙 좋아하는 텔레비전 프로여서 언제나 짝사랑을 해왔다. 그런 내게 숙원이 풀리는 날이 오게 되다니 잘 믿어지질 않는다. 그것은 내가 가장 좋아하는 KBS '우리말 겨루기'이다. 지역 예심이 대구에서 있다는 예고를 보는 순간부터 마음이 설렜다.

내 실력을 가늠해 보고 싶었다. 어떤 절차를 통해 선발하는지도 궁금하였다. 문제의 난이도가 어떠하며, 또 어느 직종의 사람이 주로 참여하는지 등등 알고 싶은 게 한두 가지가 아니었다. 보잘것없는 실력으로 초반에 쓴 고비를 맞을까 봐 가족에게는 비밀에 부치고 조용히 나섰다. 이른 시간인데도 방송사 공개홀은 인산인해이다. 행여 아는 사람이라도 만날까 봐 잔뜩 몸을 낮추었다. 주변을 슬며시 둘러보았더니 낯익은 사람이 없어 다행이다.

예정된 시간이 되자 담당 피디가 나와 진행 요령을 차근차근 설명한다. 보이지 않는 물밑 경쟁이 시작되는 순간이다. 다들 호기심 속에서도 결연한 표정들이다. 자기소개와 답을 적을 수 있는 용지를 나눠준다. 실제 출제되는 것과 똑같은 방법으로 스무 문항을 풀게 된다. 영상에다 한 문항씩 차례로 띄워 올린다. 방송 출연자들이 실제로 푸는 문제보다 좀 더 어려운 것 같다. 제대로 풀리지 않아 용을 쓰고 있는데 피디는 여유로운 농담까지 던진다.

"고개를 숙이지 않고 쳐드는 사람이 많은 것으로 봐서 문제가 좀 어려운가 봅니다."

누구 약이라도 올릴 셈인가. 모처럼 맞은 기회에 제대로 된 성적을 내보겠다고 안간힘을 다 쓰고 있는데 한가하게 농담을 하다니…. 처음부터 꼬이더니 문제가 거듭될수록 더욱 미궁 속으로 빠져든다. 머리가 온통 하얘져 온다. 옆 사람을 슬쩍 돌아보았더니 자신 있는 표정이다.

나만 이렇게 맥을 못 추는 것인가. 몇 해 전 이곳에서의 초반 탈락처럼 이번에도 쓰라린 전철을 밟게 되는가 보다. 숨소리도 잘 들리지 않을 정도로 정적에 휩싸인다. 까다로운 이십 문항이 다 지나자 종료 신호가 울린다. 피디와 구성 작가들이 방을 옮겨 바로 채점에 들어간다. 한 시간여 틈이 생기는 동안 피디 한 명이 남아 우리말 겨루기에 관한 질문에 답한다.

실력은 달려도 호기심으로 충만한 나는 알고 싶은 게 너무나 많다. 질문만으로 성적을 매긴다면 단연 일등이다. 관심과 애정을 가지고 오래 시청한 덕분이다. 문제에 관한 의문은 물론 진행자에 관련된 궁금증을 해소하는 좋은 기회가 되었다. 대구와 경북 지방에서 우수한 성적을 거둔 사람이 유독 많이 나왔다는 게 흥미롭다. 달인이 된 사람도 있지만 최종 달인에 오른 자가 다수라는 이야기가 대구 시민의 자긍심을 북돋운다.

한 시간여가 지난 후 일차 합격자들을 차례로 호명한다. 숨을 죽이며 귀를 기울인다. 첫 관문만 통과시켜줘도 고맙겠다고 간절히 기도한다. 먼저 호명되는 사람들이 이렇게 우러러보일 수가 있단 말인가. 다행히 마지막 부분에서 내 이름이 나와 체면치레는 겨우 한 셈이다. 이들을 대상으로 피디와 작가들이 공개면접을 본다.

면접관 6명 앞에 앉은 참가자들의 태도가 사뭇 진지하다. 우리말의 기본 실력에다 시청자들을 즐겁게 해 주기 위한 특기 하나쯤은 기본에 속한다. 끼를 찾으려는 면접자들의 노력 앞에 무너지는 모습이 가관이다. 본선 출연이 안 되면 큰일까지 생긴다며 반 협박조도 나오는 참가자도 있다. 부부끼리 서로 상대가 나가야 한다며 양보하는 미덕을 보이기도 하고, 부녀가 참가하여 딸만 예심을 통과하는 경우 등 사연도 다양하다.

예선 통과자 대부분은 공통점을 지니고 있다. 우리말 겨루기 방송 출연 경험자가 많다. 오랜 기간 동안 꾸준히 준비한 사람들이다. 멀리 창원, 부산, 안동 등지에서 온 우리말 전문꾼처럼 여겨지는 사람도 있다. 영어교사, 변호사, 의사, 미스코리아 선발대회 참가자 등 직종도 매우 다양하다. 최종 낙점되기 위해서 온몸을 불사른다. 춤과 노래라는 말만 나와도 바로 행동에 돌입한다. 이토록 적극적일 줄은 예상하지 못했다. 부끄러움 같은 것은 어디에도 보이지 않는다.

모두 전문가의 경지에 이른 분들 같다. 나같이 출연 경험이 전혀 없는 사람은 드물어 보인다. 모두 예심 준비를 단단히 한 실력자들이다. 나는 준비도 하지 않고 에멜무지로 나갔다가 그래도 1차 관문을 통과했으니 기본 목표는 달성한 셈이다. 열성적인 시청을 넘어 존경해 마지않았던 프로의 맛보기 경험도 무척 소중한 일이 아닌가.

실력은 보잘것없지만 심사위원들의 눈에 뜨이고 싶어 특기사항에다 '우람한 근육'이라고 자랑하였다. 여성 면접관이 그걸 발견한 모양이다. "만약 출연하게 된다면 주름 잡힌 근육을 보여 줄 수 있느냐?"고 묻기에 나는 때를 만난 듯 "바디 오일까지 듬뿍 바르고 나가겠다."고 크게 대답하였다. 웃음꽃이 만발한다. 육십 중반 노인(?)의 근육이 얼마나 대단한지 보여줄 수 있는 기회가 오면 얼마나 좋을까.

하지만 웃통 벗을 기회는 오기 어려워 보인다. 과연 내가 넘어다 볼 수 있는 곳인가. 내 분수를 아는 게 우선이지 무작정 나설 데가 아니다. 나처럼 평범한 실력으로는 예선 통과도 꿈꾸기 어렵다. 설령 기회를 준다고 하더라도 전국적인 창피를 온몸에 안을 수밖에 없다. 헛된 환상일랑은 버리자. 기본 실력부터 먼저 기른 후에 욕심 부리는 게 순리이다. 오늘 내 능력이 어느 정도인지를 파악한 것만으로 만족하자. 가없는 염원으로 좇고 싶었던 나의 이상향은 자꾸 멀어져 가는 것 같다.

(한국예인문학 2017년 제4호)

재취업 오히려 막는 실업급여제도

고용센터에 묻고 또 물었다. 아무려니 정부 제도에 이런 모순이 있을 거라고는 믿고 싶지 않았다. 근로자가 개인 사정이 아니라 구조조정이나 인력 감축 등 사업장 형편으로 실직할 경우, 일정 기간 실업급여를 받는다. 고용센터에서 지정 교육을 받으면 '실업급여 수급자를 위한 취업희망카드'(고용보험 수급자격증)를 준다. 기간별 지급액과 고용센터 방문 날짜가 명기돼 있다. 내 실업급여는 한 달 평균 120만 원이었다. 그런데 중도 취업하면 어떻게 될까. 월급의 많고 적음에 상관없이 지금 받는 실업급여는 중단된다.

80만 원 주는 직장에 취업해도 실업급여가 종결되는 것이다. 예순을 넘긴 사람이 120만 원보다 많이 주는 직장에 취업할 가능성은 낮다. 근무 시간이 짧거나 노동 강도가 약하면 더욱 그렇다. 구직 활동한 근거 자료를 가져가야 실업급여를 주면서 실상은 취업을 막는 셈이다. 구직 활동은 시늉만 내란 말인가. 책임자에게 말했더니 "법이 그러니 어쩔 수 없다."는 대답만 되풀이

했다. 정책 당국자가 모르고 있다면 직무 태만이고, 알고도 방치한다면 직무 유기 아닌가. 실업급여를 받으며 이런 불합리까지 지켜보자니 더 우울하다.

(조선일보, 2016. 5. 13.)

창녕 양파의 명성 되살리자

대구와 마산의 중간지점에 위치한 창녕만큼 자랑거리가 많은 곳도 드물 성싶다. 진흥왕 순수비와 석빙고, 가야 시대 고분군 등 각종 유적과 문화재가 즐비해 '제2의 경주'로도 불린다.

이름난 창녕 단감도 자랑할 만하지만 누가 뭐래도 창녕은 양파로 가장 유명한 곳이다. 하지만 양파가 우리의 식탁을 꾸미는 필수 반찬이 되기까지의 역사가 창녕에서 먼저 이뤄졌다는 사실을 아는 사람은 그리 많지 않을 것이다. 양파를 일본에서 처음 들여와 재배한 곳이 바로 창녕이다.

6·25전쟁 이후 농촌은 상상하기 어려울 정도로 살기 힘든 형편이었다. 이때 창녕군 대지면 석리 출신의 성재경成在慶 씨가 일찍 신학문을 터득한 뒤 농촌의 소득증대에 기여할 수 있는 길을 찾다가 53년 일본에서 양파 씨앗을 구해 와 고향 일대에서 재배하기 시작한 것이 국내 양파 재배의 효시다.

보리농사만 지어온 농민들은 당시 가격으로 환산해 10배 이상 수익성이 높은 양파 재배 기술을 익히기 위해 노력했고 성

씨는 양파 재배기술을 보급하기 위해 63년 경화회를, 68년 창녕 양파조합을 설립했다. 70년대만 해도 국내 총 양파생산량의 35% 이상을 차지했지만 지금은 전국에 널리 파급돼 98년 기준으로 전국 생산량의 7.6%인 6만6000t이 창녕에서 생산된다.

이 같은 양파는 향토민의 땀과 애환이 함께 깃든 창녕의 상징이요, 가난에 찌든 한국 농촌을 획기적으로 변모시킨 촉매제라고 할 수 있다. 92년 8월 대지면에 설립된 전국 최초의 양파시험장이 그 명맥을 유지하고는 있지만 결코 여기서 그칠 수는 없는 일이다.

피폐한 농촌경제를 다시 일으켜 세운 양파의 위력을 대외에 과시하고 창녕이 한국 양파의 메카임을 알리기 위해 창녕 진입로에 양파조형물을 세우고 양파 도입의 유래를 자세히 적어 후세에 알릴 수 있기를 기대한다. 그리고 양파를 최초로 재배한 대지면 석리에 양파 시배지 표지석을 세워 널리 알려야 한다.

아울러 대지면에 있는 지금의 양파시험장을 적절히 활용하고 이곳에 양파기념관을 세우는 일도 고려해 볼 만하다.

(동아일보, 2000. 10. 20)

* 본 칼럼의 영향으로 대지면 석리에 2007년에 양파 시배지 표지석이 세워졌습니다.

'65세 노인 안내서'를 만들자

최근 만 65세를 맞았다. 부끄러워할 일도, 그렇다고 반가워할 일도 아닐 것이다. 그냥 오는 나이를 맞았을 뿐이다. 자연스럽게 오는 나이인데 어찌 피할 수 있을 것인가.

아무튼 말로만 듣던 경로카드를 만들어야 하고, 혹시 노령연금 수령에 해당하는지도 알아보아야 한다. 그런데 누구에게 묻기가 도무지 쑥스럽다. 평균 수명이 60세 전후였던 예전에 비하면 청년 같은 나이이니 이곳저곳 떠벌리기가 부담스럽다.

용기를 내어 수소문해 보았다. 지하철을 무료로 승차하려면 신한은행에 가서 카드를 발급받아야 하고, 노령연금을 받으려면 주민센터에 가서 신청해야 한다고 한다. 그에 앞서 과연 내가 연금 수급 대상자인지가 궁금하다.

40년 직장 생활을 한 덕에 매월 연금이 나오는데도 노령연금을 주는지 잘 모르겠다. 이렇게 궁금한 게 많다 보니 서서히 불평이 생긴다. 정부나 자치단체에서 65세를 맞은 이들에게 미리 안내서라도 한 장 보내주면 얼마나 좋은가. 그러면 이렇게 구차하게 찾아다니면서 하나하나 묻지 않더라도 간편하게 해결할 수 있을 테니 말이다. 아마 노령연금 신청의 경우, 몰라서 때를 놓치는 사람도 없지 않을 것 같다. '노인'은 개인이나 사회의 재앙이 아니라, 축복받아야 할 나이가 아닌가. 긴 세월 사회에 공헌한 게 얼마인가. 노인이 받는 혜택은 성실하고 정직하게 살아온 인생에 대한 마땅한 보답인 것이다.

그런데도 이곳저곳 헤매면서 물어가며 스스로 해결하게 방치하는 것은 정부의 도리가 아니다. 지하철 카드 발급 은행을 신한은행 하나로 국한한 것은 또 왜인가. 내가 사는 대구에는 신한은행 지점이 드문 편이다. 찾아가기가 어렵다. 농협처럼 전국 어느 곳에서나 찾기 쉬운 은행이 좋지 않은가. 은행 창구에서 경로카드를 발급받으며 몸이 움츠러드는 기분이었다. 이제부터 '세금이나 축내는 보잘것없는 사람'으로 여겨질까 두려워서다. 창구 여직원에게 당부했다. 앞으로는 이런 일로 찾아오는 어른들을 좀 더 반가운 얼굴로 맞이해 달라고. 정부와 자치단체는 경로 혜택을 음지에 묻어두고 스스로 찾아 이용하도록 할 게 아니라, 미리 친절하게 안내해주어야 한다.

'65세 노인증'은 버림받을 나이가 됐음을 알리는 낙인이 아니라 사회 발전에 기여한 데 대한 값진 증표라고 생각되기 때문이다.

(조선일보, 2017. 3. 30)

부부가 뭐길래

이따금 부부관계라는 게 참 묘하다는 생각이 들 때가 있다. 유독 키 큰 남편과 키 작은 아내가 행복하게 잘 사는가 하면, 무슨 복이 넝쿨째 굴러들어왔는지 궁금할 정도로 예쁜 아내와 사는 그냥 그렇게 생긴 남성도 만나게 된다. 흔히들 '제 눈에 안경'이라고 말하듯이 남들이 보면 뭔가 어울리지 않아 보이는 구석이 있는데도 불구하고 돈독한 정분을 쌓아가는 부부를 보면 인연의 끈이 참 다채롭다는 생각을 떨칠 수 없다.

모처럼 사흘간의 짧지 않은 여행길에 나섰다. 석가탄신일 연휴인지라 가는 곳마다 관광객들로 붐빌 것을 뻔히 예상하면서도 숙소를 미리 예약하지 못한 게 마음에 걸렸다. 철석같이 믿고 있었던 강원도 K시의 콘도도 마감된 지 오래고, 다른 곳을 수소문해 보아도 잠잘 곳이 마땅찮아 망설여졌다. 그 대신 내가 좋아하는 테니스나 실컷 즐기고 싶지만 직장 가진 아내의 간청을 뿌리쳤다가는 후유증이 오래 남을 것 같아 하는 수 없이 짐을 꾸렸다.

당초 마음먹었던 동해안을 따라 올라가 전방지역과 서해안으로 이어지는 장거리 여행계획을 접고 보다 가까운 남해안 쪽을 택했다. 숙소가 확정되지 않은 상태에서 멀리 떠난다는 게 조금은 불안한 느낌이 들었고, 또 자주 들러 대체로 낯이 익은 지역이 보다 손쉬울 거라는 생각이 들어서이다. 숙소 문제로 어려움이 예상되었지만 아내와 서로 양보하고 이해하는 마음이 어우러져 실행에 옮기게 되었다.

고성의 공룡박물관과 상족암을 여유 있게 둘러본 후 예정보다 좀 늦은 시간에 통영에 도착할 수 있었다. 통영은 몇 차례 방문한 적이 있어 낯익은 도시이지만 인근의 한산도 제승당은 이번 기회에 꼭 찾아보리라 별러온 곳이다. 가본 지도 오래되었고 이념 대립으로 혼란한 요즘에 충무공의 나라사랑의 정신이라도 가슴에 새기고픈 내심이 있어서이다. 통영에 도착하자마자 서둘러 여객선 터미널로 달려갔지만 한산도 배편을 아깝게 놓치는 바람에 그곳 방문은 다음 날로 미뤄졌다. 그 대신 해안 경치로 손꼽히는 산양 일주도로와 박경리 문학관, 그리고 통영의 전통 시장을 차례로 둘러보고 나니 이내 날이 저물었다.

무엇보다 투숙할 곳이 걱정되었다. 예상한 대로 일반 숙박업소들은 어느 한 곳도 비빌 틈이 없었다. 하는 수 없어 시내를 돌아다니는 동안 미리 눈여겨봐둔 대형 찜질방으로 고개를 돌렸다. 차가 줄줄이 늘어서 있는 입구부터 난관을 예감케 한다. 하지만 이토록 늦은 시간에 우리를 받아주는 것만으로도 다행스럽고 고마운 일이 아닐 수 없다. 실내는 시장 바닥처럼 북새통을 이루고 있다. 겨우 비집고 들어가 간단히 샤워를 마친 후 낮 동안 강행군한 여독도 풀 겸 일찍 몸을 뉘었지만 쉬이 잠이 들지 않는다.

얼마만큼의 시간이 흘렀을까. 하도 시끄러워 눈을 떠 보니 우렁찬 코골이 소리가 넓은 실내를 마구 휘젓고 있다. 소란이 이는 방향으로 원망스런 눈길을 보내는 사람들도 눈에 뜨인다. 어떤 상황인지 궁금하여 문제의 장소로 다가가 보았다. 한 남성이 아내로 여겨지는 여성의 등 뒤에 바짝 붙어 자면서 드렁드렁 굉음을 내고 있다. 보기 드문 정경이 아닐 수 없다. 그토록 넓은 찜질방이 떠나갈 정도로 크게 울리는 콧소리가 무색하게도 두 사람 모두 깊은 잠에 빠져 있는 게 신기하다. 이 모습을 한참 지켜보고 있노라니 조금 전 치밀었던 화가 누그러지면서 그들의 독특한 부부관계에만 관심이 집중되었다.

다시 내 자리로 돌아와 잠을 청해 보지만 한번 놀란 소리에 잠은 멀리 달아나 버리고 다시 되돌아오지 않는다. 내일의 긴 여행이 걱정되지 않을 수 없다. 코 고는 소리가 언제쯤 멎을 것인지, 아니면 불면의 밤을 지새우고 있는 이웃들과 합세하여 안면방해를 항의해야 할 것인지 온갖 잡념들이 꼬리를 문다. 그 무렵 코 고는 소리가 갑자기 끊어지면서 한동안 깊은 침묵이 흘렀다. 무슨 변고라도 생겼는지 궁금하여 가까이 다가가 보았다. 두 사람은 변함없이 그 자리를 지키고 있다. 바뀐 게 있다면 조금 전에는 둘이 붙어 있다가 지금은 떨어져 있다는 사실뿐이다. 그렇다면 여태까지의 코 고는 소리는 아내에게 들려주는 자장가에 불과했단 말인가.

숙면에 들어간 후 서로가 돌아누우면서 자연스럽게 멈춘 코골이가 여간 흥미로운 게 아니다. 이것도 일종의 부부 금슬이라고 해야 맞는 것인가. 나이 들면서 부부는 서로 닮아간다는 말이 있듯이 부부생활을 오래 하다 보면 초기의 부자연스러움도 이처럼 조화롭게 바뀔 수도 있는가 보다.

코 고는 소리가 애초부터 성가시지 않은 사람은 아무도 없을 것이다. 성장 환경이 다르고 개성이 다른 남남끼리 만나 일생을 함께 살아가면서 겪는 갈등 요소가 어디 한두 가지뿐이랴. 하지만 연륜이 쌓여갈수록 날 선 대립각이 차츰 무디어지고, 또 서로를 이해하며 사는 게 부부관계라는 교훈을 일깨우게 된다. 마누라가 예쁘면 처갓집 말뚝을 보고도 절한다는 옛말처럼 코 고는 소리조차 자장가로 들리는 그런 부부의 금슬이 우리 모두에게 찾아올 수 있다면 얼마나 좋을까.

(대구문학 99호, 2012. 11・12월호)

4부
팔공산서 만난 행복

고객감동과

쓰러진 할머니를 나무라다니

고놈의 인사성?

침 뱉는 운동선수 보기 흉하다

이해 못 할 경찰관의 실수

위험한 풍등 기원

꽁초 추적기

수탄장愁嘆場

호칭 유감

초심初心

팔공산서 만난 행복

고객감동과

시대 조류에 따라 나타나는 명칭의 다양성이 두드러져 보입니다. 대학에는 예전에 보지 못한 이색학과가 생겨나고 관공서에서도 색다른 부서 명칭이 눈길을 끕니다. 문화콘텐츠학과, 뷰티코디네이션학과, 장례지도과가 전자라면 저출산고령화대책과는 후자의 예에 속한다 하겠습니다. 이런 변화는 종전에 볼 수 없던 새로운 직종이 생긴다거나 전문성에서도 기인하지만 다른 한편으로는 뭇 사람의 시선을 끌면서 그들에게 보다 가까이 다가가기 위한 긍정적인 몸짓으로 보아도 무방할 듯싶습니다.

직장 일로 M시청에 들렀을 때의 일입니다. 흔히 기억하고 있는 민원실을 찾았지만 어느 곳에도 그 표지를 발견할 수가 없었습니다. 방문객들이 찾기 쉽도록 보통 현관 입구에 위치하는 민원실이란 이름 대신 '고객감동과'라는 표지판만 눈에 들어왔습니다. 이색적인 부서 명칭에 친근감이 가고 호기심이 일었음은 물론입니다. 기발한 아이디어에 내심 찬사를 보내며 모처럼 감동의 눈물이라도 듬뿍 쏟고 싶었습니다. 시대 변화에 맞춰 관공서 분위기가 많이 달라졌다고는 하지만 아직도 일부 사명감이 부족한 공무원들로 인해 곤란을 겪는 경우가 없지 않기 때문입니다.

몸을 낮추고 조심스럽게 들어갔습니다. 겸손과 자세 조절은 민원인의 필수요소라 할 수 있습니다. 어려운 과제일수록 더욱 그러합니다. 이백 리 먼 길을 달려와 회사의 중요한 업무를 제대로 마무리 짓지 못하고 빈손으로 돌아갈 때의 부담감은 여간 큰 게 아닙니다. 원만한 업무 수행을 위해서 담당자를 만나기 전 호흡을 가다듬기도 합니다. 접근 방법이 서투르다거나 자칫 말실수라도 하는 날이면 꼬투리가 잡혀 쉬운 일도 꼬일 수 있기에 말입니다. 나를 기다리고 있는 것은 감동이 아니라 실망이었습니다.

상담을 한 공무원의 자세는 영 아니었습니다. 진지함도 친절함도 없이 구태의연함을 그대로 보여주었습니다. 더욱 놀라운 것은 사무실의 내부 구조입니다. 마치 재판정처럼 민원인과 공무원의 자리 높낮이를 다르게 해두었다는 점입니다. 동등한 위치에서 눈높이를 서로 맞추는 것은 대화의 기본이 아닐 수 없습니다. 민원인이 고개를 위로 들지 않고는 대화가 어렵다면 기본은 이미 무너지고 만 것입니다. 이런 분위기 속에서 고객에게 감동을 주겠다며 '고객감동과'라는 문패를 사무실 입구에 내걸었으니 기가 찰 노릇입니다.

얼마 전까지만 해도 공사 현장을 지날라치면 '혼을 담은 시공'이라 쓰인 대형 현수막이 내걸린 것을 쉽게 볼 수 있었습니다.

부실공사로 인한 부작용이 하도 많이 발생하니까 안전사고를 조금이라도 줄이기 위한 고육책임을 모를 리 없습니다. 혼까지 담아 일하겠다는데 무슨 말을 더 보태겠습니까. 과연 그런 마음가짐으로 공사를 하고 있는지가 자못 궁금하여 현장 인부들을 눈여겨 바라본 적도 있습니다.

'고객감동과'나 '혼을 담은 시공' 표지는 가일층 정성을 기울여 업무를 수행하겠다는 강한 다짐의 증표들이라 믿습니다. 하지만 말로 백번을 외친들 무슨 소용이 있겠습니까. 언행의 일치는 어릴 때부터 귀가 따갑도록 들어온 말입니다. 행동이 따르지 않는 공허한 구호보다는 작은 실천 하나가 훨씬 중요함을 우리 모두가 깊이 인식하면 좋겠습니다.

(대구문학 제91호 2011. 7·8월호)

쓰러진 할머니를 나무라다니

비 오는 어느 날 버스 안에서 겪은 일이다. 한 할머니가 우산을 들고 버스에 오르던 중 갑자기 차가 출발하는 바람에 버스 바닥에 내동댕이쳐졌다. 이를 본 한 승객이 재빨리 할머니를 부축하여 빈자리에 앉혔지만 할머니는 분을 삭이지 못하는 모습이었다. 하지만 기사는 이에 아랑곳하지 않고 운전을 계속하면서 도리어 손잡이를 빨리 잡지 않았다며 할머니를 나무라는 게 아닌가.

맨 뒷자리에서 이를 지켜본 나는 분노가 치솟았다. 쓰러진 할머니에게 사과하고 어디 다친 곳이 없는지를 여쭤 봐도 시원찮을 기사가 도리어 노쇠한 할머니를 나무라다니…. 나는 다음 정류소에서 버스를 세우고 무례한 기사에게 호통을 쳤다.

"할머니에게 사과하세요. 그리고 기사의 이름과 전화번호를 말하세요."

워낙 강하게 몰아붙이니 기사의 기세가 한풀 꺾였다. 운전자의 인적 사항 아래다 내 이름과 전화번호까지 적은 쪽지를 할머니에게 건네면서 아픈 데가 있으면 버스 기사에게 먼저 연락한 후 치료받으시라고 일러 드렸다. 혹시 버스 기사가 어떤 이의라도 제기하면 내가 증인이 되어 도와 드리겠다는 말도 빠뜨리지 않았다.

한동안 이 일을 까맣게 잊고 지내왔는데 어느 일요일, 낯선 아주머니로부터 전화가 걸려왔다. 그녀는 얼마 전 버스 안에서 넘어진 할머니의 딸이라며 나의 도움 덕분에 일주일여 입원 치료 후 지금은 완쾌되었다며 고마움을 전했다. 은혜에 보답하기 위해 식사라도 대접하고 싶다는 그녀의 제의를 완곡하게 사양했지만 그날의 고운 여운은 오래도록 지속되었다.

(영남일보, 2015. 2. 4)

고놈의 인사성?

인사에 관한 한 누구나 나름대로의 견해를 가지고 있을 터이다. 나는 인사의 중요성에 상당한 무게를 두고 있다. 인사성이 부족하다는 것은 사회생활의 기초가 결여되어 있다고 믿기 때문이다. 인사는 인간의 기본 도리요, 효의 근원이라고도 할 수 있다. 나 스스로가 인사를 열심히 하는 편이어서 인사에 소홀한 사람을 보면 남다른 실망감을 가진다.

아침 등산길에 있었던 일이다. 추석 명절 다음 날이라 흩어진 가족들이 모두 모였기에 그들이 깨기 전에 산을 오르게 되었다. 등산객이 무척 뜸하다. 평소 다니는 코스를 한 바퀴 돌아 운동시설이 비치된 곳에서 열심히 몸을 풀고 있는데 한 여성이 나타났다. 둘만이 있는 서먹함도 덜 겸 반갑게 인사를 건넸다. 전혀 무반응이다. 혹시 못 들었나 싶어 좀 더 큰 소리로 다시 "안녕하세요?" 하였지만 아무런 대꾸 없이 운동에만 몰두한다. 실망감과 함께 섭섭한 감정까지 올라왔다.

저간의 사정이 궁금해졌다. 혹시 못 들었는지, 아님 낯선 사람으로부터 받은 인사가 불쾌라도 했는지 여러 생각들이 교차되었다. 내 옆을 지나는 틈을 타서 조심스럽게 물어 보았다.

"제가 인사했는데 혹시 불쾌라도 하셨습니까?"

"아니 저도 인사했는데요."

의외의 대답이다. 아주머니가 반응을 보였다면 내가 반복하여 인사할 리가 있을까. 순간적인 착오일 수도 있지만 미심쩍기는 마찬가지다. 모름지기 인사는 서로 눈을 마주치며 주고받는 감정 표현이어야 마땅할 것이다. 한쪽이 소리 내어 인사하면 상대방도 맞장구치는 게 사리에 맞다. 얼굴도 돌리지 않고 제 앞길로만 묵묵히 걸어갔는데 인사라니…. 잠시 어색한 순간이 지나자 그녀가 다시 입을 열었다. 조금 전 대답이 성에 차지 않았던 모양이다.

"제가 미안합니다. 반갑게 인사드리지 못해서…." 처음 만난 사이지만 인사에 관한 여러 이야기를 나누다 보니 공감하는 부분이 컸고 어색함도 많이 해소되었다.

등산하면서 다수의 사람을 만나지만 인사에 대한 반응은 여러 갈래로 나뉜다. 큰 목소리로 "안녕하세요?"라며 반가움을 서로 나누는 사람이 있는가하면, "예." 한마디로 일방 접수해 버리는 무심한 사람도 있다. 만날 때마다 인사해도 전혀 반응을 보이지 않는 경우도 더러 본다. 이런 일을 당하고 나면 인사를 건넨 내가 도리어 무안해진다. 인사도 사람을 골라가면서 해야 하는지 회의감이 들 때도 있다.

잠시 후 하산 길에 낯선 아주머니와 뒤따르는 두 아이를 만났다. 반가운 얼굴로 "안녕하세요?" 인사했더니 그녀도 유쾌하게 "안녕하세요?"로 응답한다. 무척 기분이 좋다. 더 고마운 것은 함께 온 아이들이 차례로 "안녕하세요?"라며 공손히 허리를 굽히는 거다. 부전자전이라는 말이 허언이 아니다. 처음 만나지만 어른이 반갑게 인사하니 아이들도 보고 배우는 게 아닌가. 손자로 보이는 두 녀석을 크게 칭찬해 주었다.

인사에서 불편한 이웃도 있다. 부모와 아들 딸 두 자녀를 두고 있는데 참 묘하다는 생각이 든다. 승강기에서 자주 만나면서도 이렇게 어색할 수 있을까. 어머니는 우리처럼 밝은 표정으로 크게 인사하니 만날 때마다 즐겁다. 하지만 아버지와 두 자녀는 어쩜 그토록 인사에 인색할 수 있단 말인가. 한참 손아래지만 우리가 먼저 인사해도 제대로 반응을 보인 적이 없다. 인사를 건네면 "안녕하세요?"라는 말이 자연스럽게 흘러나오는 게 보통이다. 하지만 그들은 인사말은커녕 별다른 표정도 짓지 않는다. 이토록 무안하고 부자연스러울 수 있을까 싶다.

참다못해 중고생인 두 아이에게 "우리 만나면 반갑게 인사하자."라고 조심스럽게 타이른 적도 있다. 하지만 전혀 달라지지 않는다. 승강기 안에서 마주보면서도 아무 말 않고 견디는 것만큼 고단한 일도 없다. 부모의 빼어난 장점을 닮을 일이지 어쩌면 이런 잘못된 버릇을 쏙 빼닮을 수 있단 말인가.

인사성이 밝은 사람은 남다른 장점을 지니고 있는 셈이다. 대학 교수로 있는 후배 하나는 독특한 버릇으로 널리 알려져 있다. 만나는 사람에게는 나이 구분 않고 모두 90도로 허리 굽혀 인사한다. 덩치 큰 친구가 너무도 깊이 허리를 숙이기에 언젠가 한번 충고한 적이 있다.

"야, 이 친구야. 남자가 간사스럽게 어찌 그렇게 인사하나?"

"선배님, 무슨 말씀입니까? 인사에 돈이 듭니까, 힘이 듭니까? 어차피 하려면 푹푹 펴주는 게 좋지 않습니까?"

수십 년도 더 지난 일이지만 지금도 그만의 인사법을 고수하고 있다.

어릴 적 시골 살 때 마을 어른들이 나타나면 친구들과 쪼르르 달려가 머리를 조아리곤 하였다. 인사드릴 때마다 "고놈, 참 기특하구나. 뉘 집 아들이고?"라며 칭찬하신다. 그러면 더욱 신이 나서 "우리 집은 국골댁입니다."라고 크게 대답한다. 어른들로부터 칭찬받는 것도 즐거운 일이지만 부모님한테까지 미치는 영광을 어찌 마다할 수 있으랴.

인사말도 요즘과는 사뭇 달랐다. 오전에는 "아침 잡샀습니꺼?", 오후에는 "점심 잡샀습니꺼?" 하는 식으로 삼시 세끼와 깊이 관련되어 있다. 어려웠던 시절의 애환이 스며든 인사가 아닐 수 없다. 인사는 상대방에게 전할 수 있는 가벼운 선물이라 할 수 있다. 인사는 이웃에게 기쁨을 주는 동시에 호감을 살 수 있는 훌륭한 수단이다. 인사는 일방통행이 아니라 함께 즐기는 쌍방 통행이요, 나누면 더욱 기분 좋은 청량한 샘물 같은 것이다.

(죽순 제50호, 2016년)

침 뱉는 운동선수 보기 흉하다

예전부터 줄곧 의문을 품어온 게 있다. TV를 통해 운동경기를 시청할 때마다 왜 저런 일이 근절되지 못하고 버젓이 지속될까 하는 점이다. 보면 볼수록 불쾌감은 커져만 간다. 특히 과학의 발달로 선수들의 일거수일투족이 생생히 투영되기에 더욱 그렇다.

운동 경기 중 선수들이 시도 때도 없이 운동장 바닥에 침을 뱉는 모습이다. 이것도 생리적인 현상이라고 변명할는지 모르지만 이해하기 어렵다. 불결하기도 하고 시청자에 대한 예의가 아니다. 완전 근절이 어렵다면 차츰 줄이는 노력이라도 하는 게 옳다. 극적인 장면을 리플레이할 때는 더욱 선명하게 부각되어 불쾌감은 가중된다. 침을 자주 뱉는 것은 잘못된 습관과 정신자세에서 비롯된다. 경기 전에 대소변을 미리 챙기듯이 가래침도 시합 전에 대비하는 것이 바람직하다.

농구 배구장에서는 전혀 상상할 수 없는 일이 야구 축구장에서만 나타나는 데는 이유가 있다. 물론 실내 장소인 데다 바닥의 특성상 차이가 있지만 선수들의 기본자세에 많이 기인한다. 운동장에서는 침을 뱉어도 된다는 고정관념에 사로잡혀 있는 게 아닐까. 넓은 운동장에서 침 뱉는 모습을 시청자들이 볼 거라는 생각을 미처 하지 못할 수도 있다.

이걸 선수들의 자질 문제라고 하면 너무 지나친 표현일까. 선수들이 침 뱉는 꼴불견을 없애려면 선수 개개인의 문제 인식과 함께 습관을 바꾸려는 노력이 앞서야 함은 물론이다. 아울러 이런 사소한 일이 경기를 관전하는 스포츠 애호가들에게 얼마나 큰 불쾌감과 실망을 주는지 깊이 돌아볼 필요가 있다. 체육계의 자정 노력과 더불어 담당 감독과 코치의 근절 의지가 수반된다면 결코 어려운 일이 아니다.

(조선일보, 2016. 4. 19)

이해 못 할 경찰관의 실수

세상에 이런 일도 있을 수 있나 싶다. 흔히 민중의 지팡이라는 경찰이 생사람 잡는 몽둥이처럼 행동한 일을 생각하면 할수록 기가 차고 분통이 터진다.

기다리던 단비가 내리는 저녁 어둠 속에 창원으로 문상 가는 길이다. 옆 좌석에 앉은 아내가 낯선 전화를 받는데 분위기가 심상찮다. 떨리는 목소리로 오늘 밤에 경찰 조사를 받으러 가야 한다고 말한다. 며칠 전 자기 옆에 주차된 승용차와 접촉사고 문제로 다툼이 있었다. 아내가 먼저 차를 빼면서 옆 차를 긁었다며 두 사람이 승강이를 벌였단다. 자기와는 전혀 상관없는 일이라 전화번호만 알려주고 떠났는데 며칠 후 상대방이 경찰에 신고한 모양이다. 그런 경험이 전혀 없는 아내는 어쩔 줄을 모른다. 대구에 도착하는 시간이 늦어질 것 같아 경찰서 출석 약속을 다음 날 오전으로 미뤘다.

이른 아침 교통사고 조사관 앞에 죄인처럼 둘이 앉았다. 문답하는 도중에 모니터 화면이 움직인다. 우리 차가 주차 후 얼마 있지 않아 흰색 차가 들어가는 모습이 잡힌다. 조사관은 옆 차가 들어갈 땐 긁힌 자국이 없었는데 우리 차가 빠진 후에 흠집이 보인다며 우리에게 책임을 돌린다. 그 정도의 긁힘이라면 운전자가 충분히 느낄 수 있고, 또 흰 차의 페인트가 검은색인 우리 차에 조금이라도 묻어야 할 게 아니냐고 반문했더니 색깔이 묻지 않을 수도 있다고 말한다. 내가 보기에는 옆 차가 진입할 때 흠집이 있는지 없는지 식별이 어려웠다. 하지만 조사 경찰의 집요함에 압도되었는지 아내는 내 뜻과는 달리 쉽게 동의하고 말았다.

조사를 마무리하면서 조사서에 사인토록 한 후 범칙금 스티커를 발급한다. 조사관은 우리더러 12만 원만 지불하면 된다며 선심 쓰듯이 말한다. 나는 조금도 수용하기 어려웠지만 당사자인 아내가 받아들이는 바람에 반론을 펼칠 겨를이 없었다. 깨알만 한 글씨에 어떤 내용이 담긴지도 살펴보지 않은 채 용지를 받아든 아내와 조사실을 나왔다. 집에 돌아와서도 좀처럼 의문이 풀리지 않았다. 그런 와중에 기름을 부은 것은 다음 날 조사관이 아내에게 걸어온 전화이다. 교통 위반 한 번 하지 않는 우리 가족에겐 너무도 모욕적인 언사가 아닐 수 없다.

"사모님, 운전 면허증이 정지 상태에 있네요. 평소 교통 위반을 많이 하신 것 같습니다."

도대체 무슨 잠꼬대 같은 소리인가. 교통 위반과는 담쌓고 살아가는 아내에겐 청천벽력 같은 말이다. 자초지종을 차근차근 말하는 게 아니라 무슨 큰 발견이라도 한 듯이 일방적으로 통보

하는 바람에 아내는 큰 충격을 받았다. 마음을 진정시킨 후 확인 전화를 걸었더니 그때서야 경찰관이 실수를 했다며 꼬리를 내린다. 도저히 용서하기 어려운 일이다. 그렇잖아도 어제 조사에서 미심쩍은 부분이 많았는데 경찰관이 이토록 엄청난 실수까지 저지르다니 울분을 삭이기 힘들었다.

이야기를 들은 나는 화가 치밀어 도저히 견딜 수가 없었다. 담당 조사관을 제치고 상사인 팀장에게 바로 전화하여 심하게 따졌다. 아울러 그간의 미심쩍은 부분을 조목조목 지적한 후 재조사를 요청하였다. 조사관의 말실수는 물론 그가 주장한 사고 경위에 대해서도 강한 의문이 일었다. 사고 지점에다 차 두 대를 세워두고 이후 전개된 과정을 재현하면 의문이 풀릴 것 같았다. 주차 장소인 팻마트의 CCTV를 통해 전후 과정을 다시 확인해보고 싶었다.

재조사가 있는 날 오전, 아내와 나는 서둘러 현장에 도착하여 그곳의 CCTV를 통해 우리 차가 빠져 나오는 전 과정을 상세히 살펴볼 수 있었다. 주차된 두 차의 간격이 넓고, 또 차 뒤의 공간이 충분해 핸들을 급조작할 일은 전혀 없었다. 실제로 모니터 상에도 핸들 조작 없이 유유히 빠져나오는 모습을 선명히 확인할 수 있었다.

오후에 조사 경찰관과 팀장, 상대 차량 운전자가 나왔다. 당시 상황과 똑같이 승용차 두 대를 주차시킨 후 상대 차의 긁힌 높이를 잰다. 그 높이대로 우리 차에 견주어 보아도 아무런 연관이 없다. 높낮이가 전혀 다르다. 또 CCTV에서 확인한 바 우리 차의 핸들 조작은 전혀 나타나지 않는다. 상대차가 다른 곳에서 긁혀 들어온 것이 확실해 보였다. 상대 차 운전자는 할 말을 잃고 멍하니 바라본다. 나는 경찰을 불러 보통 시민의 상식에도 미치지 못하는 교통사고 조사 수준을 심하게 나무랐다.

더욱 분통 터지는 것은 교통 법규 위반이 한 번도 없는 아내에게 전화하여 무슨 교통위반 상습범이나 되는 것처럼 '운전면허 정지'를 운운했으니 이를 어쩌면 좋단 말인가. 너무도 놀란 나머지 아내는 그날 밤 잠도 제대로 이루지 못했다. 이번 사례를 곰곰 생각해 보면 우리에게 국한된 문제만은 아닐 성싶다. 유사 사례로 무고한 시민들이 애꿎은 피해를 보았을 게 틀림없다.

사태의 심각성을 간파한 팀장은 나를 옆으로 이끌면서 진심으로 사과한다. 담당 조사관이 본 업무를 맡은 지 얼마 되지 않아 저지른 실수라며 용서를 구한다. 팀장은 조사관을 불러 나에게 깍듯이 사과토록 지시한다. 하지만 분이 풀리지 않는다. 내가 만약 첫 결정에 승복하고 물러났다면 범칙금 12만 원은 물론 벌점 25점도 고스란히 받았을 게 아닌가. 잘못도 없는 애먼 사람에게 씌워진 누명이 너무도 억울했지만 잘못을 비는 그들을 어찌할 수 없었다.

세상 살면서 순간적인 실수가 큰 피해로 이어지는 경우가 더러 있을 터이다. 심적 물적 피해는 물론 심하면 사람의 생명까지 좌우될 수 있는 일도 있다. 의사의 오진, 법원 재판장의 오판, 경찰관의 실수로 인한 피해는 주로 선량한 시민에게 돌아간다. 힘 있고 똑똑한 사람들은 이런 상황에서 어느 정도 자유로울 수 있겠지만 피해의 대부분은 힘없는 사람의 몫이다. 이번 교통사고 조사의 전 과정을 돌아보면서 공무원의 전문성과 투철한 직업의식이 얼마나 중요한지를 인식하는 소중한 기회가 되었다.

(영남일보, 2017. 9. 25)

위험한 풍등風燈 기원

얼마 전 변산반도 채석강에서 있었던 일이다. 저녁에 바람을 쐬기 위해 해변 모래사장에 나왔더니 주변이 무척 소란하다. 가는 해가 아쉬운지 많은 사람들이 바다를 향해 폭죽을 쏘고 풍등을 날리느라 분주하다. 화약 냄새 자욱한 가운데서도 유독 눈길을 끄는 것이 풍등이다. 멀리 하늘로 떠오르는 풍등은 봤어도 가까이서 지켜본 것은 처음이다. 어떻게 조립하여 날려 보내는지가 궁금하였다.

종이 등을 구입해와 매직펜으로 소원을 기록한다. 다음에는 등의 중간에 매달린 고체 연료에다 불을 붙인다. 불처럼 보이도록 한 것으로 알았는데 정말 라이터로 불을 붙인다. 그게 활활 타오르면 바람을 이용하여 공중으로 날려 보내는데 위험투성이다. 공중으로 치솟았다가 종이 등에 불이 옮아 붙으면 어떻게 될까. 산이나 언덕으로 불이 번질 가능성은 무척 크다.

이런 우려 속에 마음을 졸이며 관찰하고 있는데 풍등 하나가 전깃줄에 걸려버렸다. 정말 아찔한 기분이 들었다. 만약 불이 종이 등에 옮아 전깃줄에까지 영향을 미친다면 어떤 사태가 벌어질까. 지켜보는 모든 사람들이 가슴을 졸이고 있는데 풍등은 바람을 타고 겨우 빠져나와 공중으로 올라간다.

풍등은 불 뭉치를 공중으로 날려 보내는 것과 다름이 없다. 소원을 빌더라도 이런 위험은 피하는 게 옳다. 건조한 시기에 산불의 위험이 상존하고 있는데 불타는 풍등을 띄우고 있다는 게 놀라웠다. 경찰은 이런 사실을 모르고 있는지, 알고도 묵인하고 있는지 모르겠다. 연일 터지고 있는 대형 사고들도 이처럼 작은 일에서부터 비롯되는 것이 아닌가. 관계 당국에서는 더 이상 이런 위험한 일이 발생하지 않도록 대책을 강구해야 할 것이다.

(동아일보, 2018. 1. 16)

꽁초 추적기

나는 주변의 잘못을 보면 잘 참지 못하는 성격입니다. 좋게 말하면 정의롭고 의협심이 강하다고 할 테고, 부정적으로 보면 남자가 대범하지 못하고 좀스럽다고 핀잔할지도 모릅니다. 하지만 이게 내 천성이요 지금까지 길러온 버릇이라고 생각한다면 어느 정도 이해가 될까요. 그렇다고 '남의 눈의 티는 쉽게 보지만 내 눈의 들보는 잘 보지 못한다.'는 속담의 참뜻을 망각하고 살지는 않습니다. 그처럼 잘못을 보는 눈이 남다르고 그런 잘못을 종종 지적하면 할수록 내 자신을 돌아보는 일에 소홀함이 없어야겠다는 생각을 다지게 됩니다.

우리 주변에서 눈살 찌푸리게 하는 일 중의 으뜸이라면 아무래도 길가에 널브러진 담배꽁초와 휴지들이 아닐까 여겨집니다. 대로변의 보도와 버스 정류장 주변에는 흩어진 담배꽁초와 쓰레기들로 눈이 어지러울 지경입니다. 올림픽을 치르고 G20 정상회의를 가진 나라의 위상이 의심스러울 정도입니다. 특히 아침 출근길에 나서면 밤 동안 쌓인 쓰레기 더미와 곳곳에 나뒹구는 꽁초, 그들이 풍기는 악취에 놀랄 때가 한두 번이 아닙니다.

도로뿐만이 아닙니다. 내가 사는 아파트 통로 입구에도 유사한 일이 매일 벌어지고 있었습니다. 새벽 운동을 나갈라치면 항상 발견되는 대여섯 개의 담배꽁초와 때때로 등장하는 빈 담뱃갑에 신경이 예민해지기 시작하였습니다. 공동 주택에 사는 이웃 주민의 행동이 이러한 데 대한 실망이 여간 크지 않았습니다. 어떻게 하든지 문제의 원인을 찾아 바로잡고 싶었습니다. 얼마 동안은 흩어진 꽁초들을 모아 집으로 가져오기도 하였습니다.

한번은 새벽 운동을 나가던 중 시끄러운 소리가 들려 위층을 바라본 적이 있습니다. 한 젊은이가 이층 베란다 창문 가까이에서 담배를 피우며 큰 소리로 통화를 하고 있었습니다. 그 후부터 이층을 문제의 진원지로 의심하게 되었습니다. 우선 정문에 있는 통합 관제실에 들러 흡연자를 찾는 데에 협조를 구했습니다. 통로 입구마다 감시 카메라가 설치되어 있지만 이런 일로 내장된 자료까지 검색하자고 요구할 수는 없는 노릇입니다.

계속 이어지는 꽁초의 등장에 화는 더욱 커져만 갔습니다. 어느 날 새벽에는 주워온 담배꽁초들을 이층 문 앞에다 던져놓은 적도 있습니다. 자기 집 앞에 널브러진 꽁초를 보면서 스스로를 돌아보았으면 하는 바람이 있었기 때문입니다. 내려오는 계단 주변 창문 아래에는 경비원이 쓴 듯한 주의 표지 두 장이 부착되어 있었습니다. 베란다에서 담배를 피우거나 꽁초를 함부로 버리지 말아 달라는 당부의 말이 담겨 있었습니다.

그 후로도 꽁초는 좀체 사라지지 않았습니다. 아파트 상층부에 사는 주민의 짓은 아닐 테고, 아래층에서 일으키는 소행으로 짐작되었습니다. 며칠 동안은 꽁초와 휴지를 모아 현관 입구에 진열도 해 보았습니다. 아파트를 출입하는 사람들이 널려있는 꽁초를 보고 느끼면서 바뀌기라도 할까 해서입니다. 공동 주택에 사는 사람일수록 이웃에 대한 배려는 더없이 소중합니다. 어떻게 하든지 이런 부끄러운 모습은 사라져야 한다는 일념으로 추적의 고삐를 늦추지 않았습니다.

드디어 바라던 날이 다가왔습니다. 퇴근길에 흡연자를 어렵사리 만날 수 있었습니다. 훤칠한 키의 젊은이가 담배를 피우는 모습이 보이더니 이내 꽁초를 던지고는 떠나려 하였습니다. 나는 젊은이를 불러 세웠습니다. 방금 버린 담배꽁초를 줍게 하고는 몇 층에 사는지를 물었습니다. 예상과는 달리 일층에 사는 대학생이라는 대답이 돌아왔습니다. 그동안 담배꽁초 발생에 따른 이야기를 전하고 앞으로는 이런 행동을 하지 말라고 당부하였지만 반응은 그리 달갑지가 않았습니다.

거리에 나뒹구는 꽁초와 휴지의 주범은 한창 성장하는 청소년들입니다. 나는 그들의 행동거지를 눈여겨보면서 많은 생각을 갖게 됩니다. 자기가 피운 담배꽁초를 되가져 가는 사람은 정말 보기 힘듭니다. 하수구 틈새에 넣거나 도로에 던져 버리는 경우가 대부분입니다. 꽁초 다음에는 침이나 가래가 뒤따르는 경우도 비일비재합니다. 부끄러운 우리의 자화상이 아닐 수 없습니다. 애써 청소하는 환경미화원이 있고, 꽁초나 휴지를 버리는 사람이 공존한다는 사실은 너무도 실망스러운 일이 아닐 수 없습니다.

버스 정류장에서나 길을 걸으면서 담배를 피워대는 사람을 볼 때마다 화가 치밀곤 합니다. 담배 연기는 만인이 싫어하는 공해일 뿐입니다. 그런 공해를 아무런 거리낌 없이 유발하고 다니는 사람을 보면 한심하다는 생각을 떨치지 못합니다. 때로는 행인이 들고 있는 담뱃불에 내가 데기라도 할까 봐 몸을 움츠린 적도 있습니다. 자기 가족들에게는 해롭다고 담배 연기를 풍기지 않으면서 다중에게는 서슴없이 뿜어대는 몰지각한 행동이 우리 사회에서 영원히 사라지기를 바라는 마음 간절합니다.

(대구의 수필 제7호, 2011.)

수탄장愁嘆場

내가 서 있는 곳은 소록도 병원으로 들어가는 입구 삼거리에 위치한 수탄장이다. 우측으로 가면 병원 관계자들이 거주하는 사택이 나오고 조금 더 가면 녹동항으로 가는 소록도 뱃머리에 이르게 된다. 소록대교가 놓이기 전만 하여도 이 길은 소록도 주민이 이용하는 육지와의 유일한 통로였다. 이곳 주차장에서 좌측으로 가면 소록도 병원과 한센인들의 숙소, 그리고 그들의 애환이 고스란히 담긴 눈물겨운 현장들을 만나게 된다.

내가 소록도를 마음속으로 그리게 된 것은 삼십여 년 전으로 거슬러 올라간다. 대학 졸업 후 사회생활을 막 시작하면서 처음으로 갖게 된 직장이 한센인 자녀들의 양육을 돕는 일이었다. 외국의 양부모와 아동 간 후원자 결연을 한 후 그들이 보내오는 양육비로 학업을 돕는 방법이었다. 한센병에 감염되지 않았다고 하여 미감아라고도 불리는 아이들의 어려움은 일반인들로서는 실로 상상하기 힘든 것이었다. 당시만 하여도 한센인들은 우리 사회에서 영원히 버림받고 추방되어야 할 천형으로만 여겼지 애정을 갖고 접근하는 사람은 보기 힘들었다. 이런 질병을 지닌 부모 밑에서 학업을 지속하는 일 또한 어렵기는 마찬가지였다. 시군 보건소에 환자로 등록되면 나환자 관리요원들이 정기 검진을 하는 등 특수 관리체제로 운영되었다. 이러한 사회의 그늘 속에서 자녀들이 마음 놓고 공부하기란 쉬운 일이 아니었다. 오래전 부산 O초등학교와 청도 G초등학교에서 일어난 미감아와 합반을 반대하는 일반 학부모의 등교 거부 사태는 대표적인 사례라 할 수 있다.

대구 시내는 물론 경북도내에 산재한 한센인 가정을 방문해 보면 그들의 한스러움을 온몸으로 느끼게 된다. 질병이 이웃에 노출되지 않도록 애쓰는 노력은 가히 눈물겨울 지경이다. 자녀들에게 가난과 질시를 대물림하지 않기 위해 남모르게 대도시로 전학시키는 가정이 있는가 하면, 때로는 전 가족이 야반도주하듯이 정든 곳을 떠나 자취를 감추기도 한다. 더 큰 어려움은 병세가 음성에서 양성으로 바뀌기만 하면 여지없이 소록도로 보내져 치료를 받게 되는 것이다. 당시는 양성 반응을 보이면 전염성이 있다고 하여 강제로 격리하는 정책을 펼치던 시기였다. 후원 가정을 오랜만에 방문했을 때 부모 중 어느 한 사람이 보이지 않으면 소록도로 떠난 경우라 생각해도 별반 틀리지 않는다. 그때부터 소록도는 나의 뇌리에서 지워지지 않는 영원한 호기심의 섬으로 자리 잡게 되었다.

이후 나는 또 한 차례 한센인들과 가까이할 기회가 생겼다. 시내에서 유명한 피부과 병원을 총괄 관리하는 행운을 갖게 된 것이다. 병원에는 삼십여 명의 한센인들이 입원하고 있어 이들과 자주 만날 기회가 있었다. 평균 나이가 칠십대 중반쯤 되는 이들 대다수가 소록도에서 치료를 받은 경험이 있으며 지금은 음성으로 바뀐 사람들이다. 비록 손발이 뒤틀리고 망가지기도 했지만 전염의 우려가 없기에 정기적인 약물 치료와 보호를 받는 사람들이다.

하지만 치료에 소홀하기라도 하면 또다시 양성으로 바뀔 수가 있고, 양성으로 바뀌는 날에는 어쩔 수 없이 소록도로 보내지게 된다. 소록도에서 돌아오는 한센인이 있는가 하면 지긋지긋한 그곳으로 다시 보내지는 비극이 혼재하는 곳이다. 지금은 승용차로 네댓 시간이면 갈 수 있지만 예전에는 열 시간도 넘게 걸리는 멀고도 먼 전라도 길이었다.

한센인 시인 한하운의 「소록도 가는 길」은 지금도 소록도 중앙공원의 너럭바위에 새겨져 한센인들의 눈물겨운 모습을 전해주고 있다. 요즘은 한센인 발생이 연간 이십여 명에 불과하여 나이 팔십에 가까운 현재의 환우들이 사망하고 나면 발병률이 거의 제로 수준에 이르는 국가로 바뀔 만치 한센병에 관한 한 모범적인 나라가 되어가고 있다.

수탄장은 이름부터가 음침하고 낯설게 느껴졌다. 괄호 속에 한자가 병기되어 있지 않았다면 이해하기 어려운 낱말이다. 한창 나환자가 많은 시절 소록도에 들어온 한센인과 그 가족들은 면회를 엄격히 제한받았다고 한다. 직원들이 거주하는 직원지대와 병사病舍지대로 나누어지는 경계선으로 1950~60년대에는 철

조망이 쳐져 있었다.

병원에서는 전염을 우려하여 환자 자녀들을 직원 지대에 있는 미감아 보육소에 격리하여 생활하게 하였으며, 병원 지대의 부모와는 이 경계선 도로에서 한 달에 딱 한 번 면회가 허용되었다. 이때 미감아동과 부모는 도로 양옆으로 갈라선 채 철조망을 사이에 두고 눈과 대화로만 혈육을 만나야 하는 눈물겨운 정경이 펼쳐지곤 하였다. 이 광경을 지켜본 사람들이 혈육의 정을 제대로 나누지 못하고 돌아서는 '탄식의 장소'라는 의미로 '수탄장'이라 불리게 되었다고 한다.

당시의 모습은 흑백 사진에 담겨져 한센인의 눈물겨운 역사를 후세에게 전하고 있다. 이런 표지판이라도 남기지 않았더라면 아무도 알 수 없는 한센인의 감추어진 아픔이 되었을 것이다. 표지판 우측 아래에는 한 달에 한 번 만나는 한센인과 그의 가족 모습을 희미한 흑백 사진에 담아두고 있다. 감염이라도 될까봐 신체적 접촉 금지는 물론 일정 거리를 두고 몇 마디의 대화만을 주고받았던 단장의 슬픔을 우리들은 헤아리기 힘든다. 어떤 근심과 탄식이 이들에게 비할 수 있으랴.

(문장 제28호, 2014. 봄)

호칭 유감有感

외국인이 우리말을 배울 때 가장 힘들어하는 부분이 높임말과 호칭이라고 한다. 미스터 누구라면 족할 것을 우리는 그 사람의 사회적 신분을 찾아 호칭하는 데서 더 큰 까다로움이 있는 것이다. 대통령도 한동안 각하로 부르다가 요즘엔 대통령님으로 부르도록 했지만 호칭하는 사람에 따라서는 아직도 다른 모습을 보이는 때가 있으니 하물며 평범한 소시민의 호칭 뒤에 숨어있는 사연들은 얼마나 다양할까는 생각을 가져보게 된다.

호칭이란 각자가 지닌 직책이나 직위를 이름 뒤에 붙여 부르는 것임은 두말할 나위가 없다. 호칭이 하도 다양하고 변화무상하여 피차간에 기분이 상하지 않을 정도로 대접하기가 점점 더 어려워지는 것 같아 고민스럽다. 구멍가게 같은 소규모의 자영업이거나 직장 또는 가입단체 등에서 가진 직책이 다수일 경우, 과거의 직장에서 퇴직한 때, 그리고 그 사람의 명확한 지위를 알지 못하는 때는 다소 혼란이 생기기 마련이다. 그렇다고 전직을 현직처럼 호칭하기도 어색하고 대충 어림짐작하여 불분명한 명칭을 사용하는 것도 결례가 되니 말이다. 유명 탤런트나 가수들처럼 일평생 존칭 하나 없는 이름 석 자만으로도 행복해하는 부류가 있는가 하면, 낮은 직급 때문에 남모르게 속앓이를 하는 사람도 적지 않을 터이기 때문이다.

내가 자주 찾는 테니스 코트에서도 이런 일로 망설여질 때가 있다. 모임의 회장이나 총무는 그 직책만으로도 충분하지만 여타의 회원들에게는 좀 신경이 쓰인다. 직장의 평사원이나 직급이 낮은 이유 등으로 본인의 신상을 분명히 밝히지 않은 경우, 그리고 정년퇴직하여 집에서 쉬고 있는 때에도 그 같은 어려움은 수반된다. 나이가 오십 넘은 사람을 두고 ○○○ 씨라고 하기도 뭣하고, 낮은 직급을 여러 사람 앞에서 공공연히 부르기에도 부담 가는 것이 인지상정 아닌가. 실제 직급은 주임이나 계장이라도 편의상 과장으로 불러주면 가타부타 내색 않고 지나치는 것만 봐도 그들의 애환이 어떠한지를 짐작할 수 있을 것이다.

직장이나 단체에서의 직위는 흔히 사회적 신분의 척도로 인식될 만큼 중요성이 크다. 회장이나 사장이라면 묻힌 내용은 차치하고라도 근사해 보이는 반면, ○○○ 씨 또는 주임이나 계장이라면 어딘지 모르게 왜소해 보이는 데서 실망감을 자아낼 수도 있다. 그것도 기라성 같은 위인들 틈새서 원하지도 않은 호칭이 비집고 나왔을 경우 당혹스러움은 훨씬 더 커지게 된다.

특급 호텔의 도어맨이 승용차의 종류에 따라 대하는 태도가 달라진다는 항간의 이야기처럼 외양이나 인품도 물론 중요하지만 그 사람의 신분, 즉 사회적 계급 따라 불리는 호칭으로 인해 분위기가 달라진다는 사실쯤은 누구나 경험했음 직한 일이다. 옛 직장의 인사 책임자로 있을 때 호칭 문제로 꽤나 신경 썼던 적이 있다. 승진이 더디어지니 친구나 가족에게 체면이 서지 않는다며 전체 직급을 상향 조정해달라는 일부 직원들의 이색 건의가 있었는가 하면, 생산 유통 등 현장 부서의 장기 근속자들은 자식뻘 되는 남녀 직원들로부터 ○○○ 씨로 불리는 게 못마땅해 고민하는 것을 보고 신입사원 교육 때마다 나이 든 분에게는 가급적이면 ○ 선생님으로 부르기를 권장했던 기억도 남아있다. 이에 질세라 여직원들도 술집 아가씨같이 ○ 양으로 불리는 데 대해 강한 반발을 보이면서 미스 김 또는 ○○○ 씨로 불러 달라고 요구해와 남자 직원들의 오랜 습관을 바꾸는 데 정성을 쏟기도 하였다.

오십대 후반의 고향 선배 한 분은 초등학교의 교무선생님이지만 동기 친구들은 그를 만날 때마다 'S 교장' 하고 불러도 한 번도 어색한 표정을 짓는 경우를 보지 못했으며 차라리 그런 호칭을 즐기는 듯한 인상으로 비춰지기도 하였다. 이처럼 사리에 맞지 않는 호칭일지라도 듣는 사람의 입장을 배려하여 어느 정도 부풀려도 자연스럽게 지나치는 것이 미덕처럼 여겨지는 세태에까지 이르게 된 것이다.

나이가 들면 들수록 이러한 호칭 문제는 더욱 민감하게 작용한다. 군인 아파트에서는 아버지의 계급에 따라 아이들도 구분될 만큼 영향이 크다고 들었다. 이런 현상은 비단 이곳에만 국한된 것이 아니라 우리 사회 여느 곳에서도 쉽게 발견될 수 있는 일이라고 생각한다. 최근 들어 유행병처럼 번지고 있는 직업의 성형 붐은 현란할 정도이다. 청소부가 환경 미화원이 되고 보험 모집인이 가정 설계사로, 때밀이가 목욕관리사로, 염하는 사람이 장의관리사로 둔갑하는 것도 호칭의 내홍內訌에서 빚어진 기발한 아이디어쯤으로 이해해야 하지 않을까. 이런 식으로 발전하다 보면 '백수'도 돈벌이를 찾아다니고 있으니 '직업 탐구사'로 바뀔지도 모를 일이다.

뒷골목 세계처럼 '형님, 아우'만으로도 통하는 사회라면 몰라도 세상이 급변하고 직업이 다양화하는 요즘 사회에서는 직종이나 직급에 맞춰 제대로 호칭하기가 여간 어렵지 않다는 걸 누구나 느낄 수 있을 것이다. 사바세계를 오염시키는 주범처럼 비난받은 적이 있는 YS, DJ, JP 등도 하도 까다로운 호칭 문제에서 벗어나기 위해 언론에서 편리하게 지어준 별칭이 아닐까도 생각해 본다.

대수롭잖은 일로 과민반응을 일으킨다고 비난할지 모르지만 서민층의 장삼이사張三李四 들에게는 사소한 일에서도 괜히 서운해지고 가슴 아파할 때가 많은 법이다. 과거에 제아무리 화려한 지위를 누렸다고 하더라도 지금의 위치가 탐탁지 못하면 이런 고민에 휩싸일 수도 있으니 남의 일처럼 모른 체하기보다는 다 함께 고민해 보는 것도 괜찮을 성싶다.

길을 가다 '사장님' 하고 불렀더니 모두가 뒤돌아보더라는 우스갯소리처럼 누구나 사장행세 하기를 좋아하고 사회의 저명인사로 대접받기를 바라는 마당에 호칭 문제로 굳이 스타일 구기

게 할 필요는 없다. 하지만 사실과 다른 호칭으로 주위를 어리둥절케 하는 일도 바람직한 게 못 되는 것 같아 이 생각 저 생각을 해 보았다. 하긴 세상살이를 너무 어렵게 풀어가기보다는 그때그때의 분위기에 맞춰 대충대충 살아가는 방법도 있긴 한데 말이다.

(수필사랑문학회 제8집, 2005. 12)

초심初心

다들 취업이 어렵다는 얘기를 하지만 내가 몸담고 있는 회사의 경우에는 도리어 사람 구하기가 어려운 편이다. 직원들의 들락거림이 잦아 종종 신입사원 모집으로 골머리를 앓기도 한다. 사원 모집광고가 나간 다음 날 평소 접하기 어려운 일을 경험하게 되었다.

직장을 구하는 아들의 보호자로 따라온 어머니는 보았어도 오십대로 여겨지는 구직자를 모시고 온 젊은 보증인은 처음이다. 구직하러 오는 길에 우연히 만난 지원자인 줄로 여겼는데 나중에 알고 보니 고용안정센터의 직원이 동행한 것이다. 센터를 방문하는 구직자 중 하도 성실하고 믿음직해 취업을 알선해 주기 위해 왔다는 그의 정성이 예사롭지만은 않게 보였다. 실제로 사람 소개만큼 어려운 일이 또 있을까. 그것도 깊이 알지도 못하는 사람을 친히 데려와 그를 보증하는 편에 서기란 거의 불가능한 일이다. 취업을 위해 고용안정센터를 드나드는 사람이 어디 한두 명인가. 그중에서 한 사람을 선택해 취업 희망 회사를 찾은 그의 성의가 너무도 가상하게 느껴졌다.

솔직히 나이로 봐서는 면접 대상에서 제외할 인물이었지만 정상을 참작하여 회사 소개와 급여, 복후 실태 등을 상세히 설명해 주었다. 지금 제시한 조건이나 회사 분위기, 작업장의 환경 등에 이상이라도 있으면 당장 곤란에 처하는 쪽은 우리이기 때문에 나는 되도록 긴 시간을 할애하여 소상하게 설명하려 애쓴다. 취업만 시켜주면 어떤 일이라도 마다치 않고 성실하게 일하겠다고 굳게 다짐하는 그의 모습에서 의심의 여지는 없어 보였다. 취업 희망자를 보증한다는 고용센터 직원의 말을 믿기로 하고 출근을 허락하였다.

그러나 약속은 오래가지 않았다. 일주일이 채 안 되어 이런저런 핑계를 대며 결근하더니 끝내는 집 전화는 물론 휴대폰도 꺼 놓은 채 오리무중 상태로 빠져 버렸다. 이럴 수가 있단 말인가. 직장 생활도 할 만큼 한 오십대 중반이라면 세상 물정을 모를 리 없으며 직장 구하기가 어렵다는 사실쯤은 익히 알 터인데도 무책임하게 처신한 그가 여간 원망스럽지가 않았다. 그를 보장한 고용안정센터 직원에게 알렸더니 미안해 어쩔 줄을 몰라 하였다. 그 역시도 수차례 전화하였지만 연락이 닿지 않는다며 실망감을 감추지 못했다.

요즘 들어 애주가들로부터 사랑받는 어느 술 이름에 '처음처럼'이 있고 여당 국회의원의 모임 이름 중에도 '처음처럼'이 있다. 초심으로 돌아가자는 구호만큼 호감을 주는 단어도 드물다. 처음이나 초심이 주는 의미는 바로 오염되지 않은 순수함과 올

바름의 대명사와 다르지 않다. 대학에 진학하는 신입생의 첫 결심이 그러하고, 군에 입대하는 청년들도 나름대로 계획을 세워 실천하겠다는 초심을 갖기 마련이다. 결혼식장에서 들려주는 주례사도 그러하며, 새로운 직장에 발을 들여놓는 직장 초년생이 가지는 결의 또한 거울같이 맑은 초심이 아니겠는가. 이러한 초심이 오래 지속되지 못한 채 오염되고 이지러져 사회 곳곳에서는 부정과 혼탁으로 여간 어지럽지가 않다.

오십대의 구직자가 어렵사리 소개하고 보장해주려 노력한 사람의 은혜를 저버린 채 중도 포기해 버리는 무책임, 취업만 시켜주면 어떠한 조건과 시련이 다가오더라도 충실히 감내하며 최선을 다해 일하겠다고 침이 마르도록 약속했지만 입사 후에는 완전히 딴 사람으로 돌변하는 아이러니. 초심의 필요성을 오늘처럼 중요하게 생각해 본 적이 없다.

나의 직장 생활도 어언 삼십 년이 되었다. 함께 일한 여러 동료들이나 상사들을 떠올릴 때마다 항상 기억나는 것이 신입사원 때 배운 기본적인 내용들이다. 오랜 직장 생활 동안 익힌 것도 많고 느낀 것도 많지만 가장 중요한 것은 바로 입사 초기 순수의 그릇에 담았던 반듯한 초심들이다. 그러한 초심이 굳건한 터전이 되어 지혜의 성을 쌓을 수 있었던 것이지 기본이 부실해서야 어디 삼십 년의 직장근무가 가능했겠는가. 운전 습관도 마찬가지다. 면허증을 딸 무렵 가졌던 바른 습관과 교통법규 준수 정신으로 운전을 한다면 사고 위험성은 훨씬 줄어들 것이다. 국회의원 입후보자가 선거 운동기간 토하는 약속이나 다짐들을 잊지 않고 초심으로 일관한다면 오늘의 정치가 이토록 혼탁해지지는 않았을 것이다.

초심은 자신을 비추는 양심의 거울인 동시에 난제들을 푸는 해결의 실마리를 제공해 준다. 순수의 거울에 비친 자신의 모습 앞에 거짓말을 할 수는 없는 법이다. 우리 모두는 처음 출발하던 당시의 초심을 마음에 새길 뿐만 아니라 직접 글로 써서 간직하면서 자신을 비추어 볼 필요가 있다.

군대 시절 한동안 훈련소에서 자대로 전입되는 이등병들의 상담을 맡은 적이 있다. 구타의 악습을 반복하지 않기 위해서라도 지금의 다짐을 글로 써서 보관하면서 자신이 변하는 모습과 비교해 보라는 당부를 한 번도 빠뜨리지 않았다. 신입 사원들에게 초심을 잃지 말 것을 수없이 당부한다. 현명한 사람은 초심의 거울에다 스스로를 비추는 혜안을 가진다. 자신이 얼마나 나태해 있는지, 기본에서 얼마나 멀어져 있는지를 잴 수 있는 바로미터가 바로 초심이다. 순수의 본향으로 돌아가는 첩경은 초심을 지키고 다듬는 일이다. 올챙이 적 생활로 되돌아가자는 말이 아니라 올챙이 때 가진 본성을 잊지 말고 겸손해지자는 깊은 의미도 초심과 함께 우리들이 새겨야 할 교훈이다.

(팔공신문, 2006. 11. 1)

팔공산서 만난 행복

국방을 견고히 하는 근간根幹은 군인이다. 막강한 힘을 바탕으로 한 군대라는 조직이 없고는 나라의 안전은 보장받을 수 없다. 첨단 군사력이 효율적으로 운용되어야만 모두가 편안한 일상에 전념할 수 있는 것이다. 나 홀로 하는 운동은 개인의 건강을 위해서는 도움 될지 몰라도 국방에 기여한다고 말하기는 어렵다. 문단 조직의 중요성도 여기서 엿볼 수 있다.

최대 문학 단체인 한국문협은 시·도·군 단위의 지회 지부가 있음으로써 문인들의 힘이 체계적으로 결집되고 문학 활동과 권익이 증진될 수 있다. 물론 개별적으로 하는 문학 수업도 필요하겠지만 조직의 활성화도 이에 못잖은 무게를 지닌다. 문단 조직이 건강해야만 문학 토양이 비옥해지고 회원들의 작품 활동이 더욱 왕성해질 수 있는 것이다.

나는 문단을 이끌고 있는 리더들의 남다른 능력과 봉사정신을 높게 평가한다. 내 자신도 조직의 중요성을 잘 알고 있기에 협회 활동에 적극적으로 참여하려 애쓰는 편이다. 회원이라면 문학적

소양을 기르고 좋은 작품을 생산하는 노력도 긴요하지만 공동 활동도 소홀히 할 수는 없을 것이다. 협회 행사에는 전혀 얼굴을 내보이지 않으면서 문학상을 탔다고 으스대는 사람을 보면 맘이 편치 못하다. 한국문협과 지회 지부 같은 조직이 없다면 그런 수상의 토대 마련이 불가능할 거라는 생각이 들기 때문이다.

멀리서 바라만 본 한국문협 전국대표자 대회가 우리 고장에서 열린다는 소식을 듣고 무척 기뻤다. 직책을 가진 사람이 아니고는 타지에서 개최되는 행사 참가는 거의 불가능한 일이다. 평소 그런 문인들을 우러러보아 온 입장에서 그들 곁에만 있어도 행복할 거라는 생각을 가져왔다. 많은 사람들이 무거운 감투를 쓴다거나 봉사하기를 주저한다. 회장과 같은 중책을 회피하는 바람에 곤란에 처한 집단도 본다. 할 일이 산적한 데다 개성 강한 문인들을 만족시키기에는 너무도 힘이 부치기 때문이다.

대구 대회를 맞아 내게도 작은 소임이 맡겨졌다. 문협 집행부의 일원이어서 도울 일이 있으면 가리지 않고 나서는 게 도리라고 늘 생각하였다. 서울서 내려오는 세 대의 버스 중 3호차의 안내를 맡아 달라는 부탁이다. 결코 호락호락한 일만은 아닐 터이다. 기라성 같은 작가들 앞에 선다는 게 어디 쉬운 일인가. 대구의 자긍심도 높여야 한다. 그들의 수준에 맞는 말과 행동을 보여줘야 함은 물론이다.

행사의 주 무대가 팔공산 대구은행 연수원이다. 근처를 지날 때마다 한 번쯤 들러보고 싶은 곳이다. 2003년 대구 하계유니버시아드대회 때 자국 선수들을 응원하기 위해 온 북한응원단이 숙박한 곳이어서 더욱 주목받는다. 그들은 빼어난 미모로 관중들을 몰고 다녔다. 예천 양궁장으로 가는 길에 김정일 현수막이 비에 젖는 것을 보고 달려가 경쟁적으로 소리치며 울고불고 난리를 쳤다. “경애하는 수령님을 어찌 이렇게 비 맞힐 수 있느냐.”고 항의하며 몸부림친 일은 세월이 지났어도 우리의 기억에 남아있다.

서울을 제외한 타 지역에서는 대부분 승용차를 이용해 집결한다. 전국의 시・도・군을 망라함으로써 명실상부한 전국구이다. 말을 걸어보면 자기 지역에 대한 자부심이 뛰어나고 그곳의 문단 자랑들이 쉼 없이 이어져 나온다. 오래 사귄 지기처럼 모두가 정겹다. 워낙 중책을 맡은 사람들이라 행사의 중요성과 어려움도 꿰뚫고 있다. 존경심이 인다. 능력과 리더십, 그리고 남다른 봉사 정신이 없고는 설 수 없는 문단의 빛나는 별들이다.

첫날 오후, 한국수필문학관과 김광석 거리를 돌아본 후 팔공산 행사장에 도착하였다. 4시부터 개막식, 문학 특강, 시상식, 우수 지부 모범 운영사례 발표순으로 진행되었다. 시상식에서는 전영택 문학상, 우수 지부와 문학지 콘테스트 시상 등이 포함된다. 본 행사의 백미는 맨 나중에 있은 기념 공연이다. 앞의 프로그램이 정형화된 것이라면 공연은 그 지방의 숨은 실력을 보여주는 지역 특산품이라 할 수 있다. 다행히 대구에서 준비한 모든 공연이 호평을 받는 바람에 덩달아 기분이 좋아졌다.

둘째 날 오전에는 신숭겸 장군 유적지, 대구문학관, 저항 시인 이상화와 국채보상운동의 서상돈 고택, 계산성당, 삼일 만세운동 길과 청라언덕을 차례로 찾았다. 외지에서 오신 분들에게는 대구의 근대 역사를 살펴볼 수 있는 좋은 기회가 되었을 것이다. 청라언덕에 올라서는 박태준의 노래비 앞에 모여 <동무 생각>을 크게 합창하며 그 뜻을 기렸다.

이틀간 도심투어를 하는 동안 여러 문인들의 안내를 맡는 바람에 그들과 많은 대화를 나눌 수 있었던 것은 대단한 행운이다. 투어 뒤에는 두류공원에 위치한 문화예술회관 식당에서 과메기를 곁들인 점심 식사 후 아쉬운 작별을 고했다. 비록 짧은 시간이지만 대구를 이해하는 소중한 기회가 되기를 바라면서 서울서 보내온 어느 시인의 고마운 편지를 소개한다.

> 고맙습니다.
> 선생님 덕분에 유익하고 즐거운 여행이었습니다.
> 대구 문향의 깊이와 따스한 환대 오래오래 달달한 추억으로
> 남을 것 같네요. 정말 수고들 많으셨고 고맙습니다.
> 마무리 인사까지 감동입니다.
> 3호차 행운이었네요.
> 과메기의 쫀득한 식감과 미역의 바다향이 아직 입에서 녹네요.
> 좋은 하루 되세요.
> 경상도 사나이들이 무뚝뚝하신 줄 알았는데 깊은 속정들이
> 있으시네요. ㅎㅎㅎ 대구의 재발견!
> 감사드리며 좋은 날들 되시기를!!!
> – 서울에서 조○○ 드림

(월간문학 제590호, 2018. 4월호)

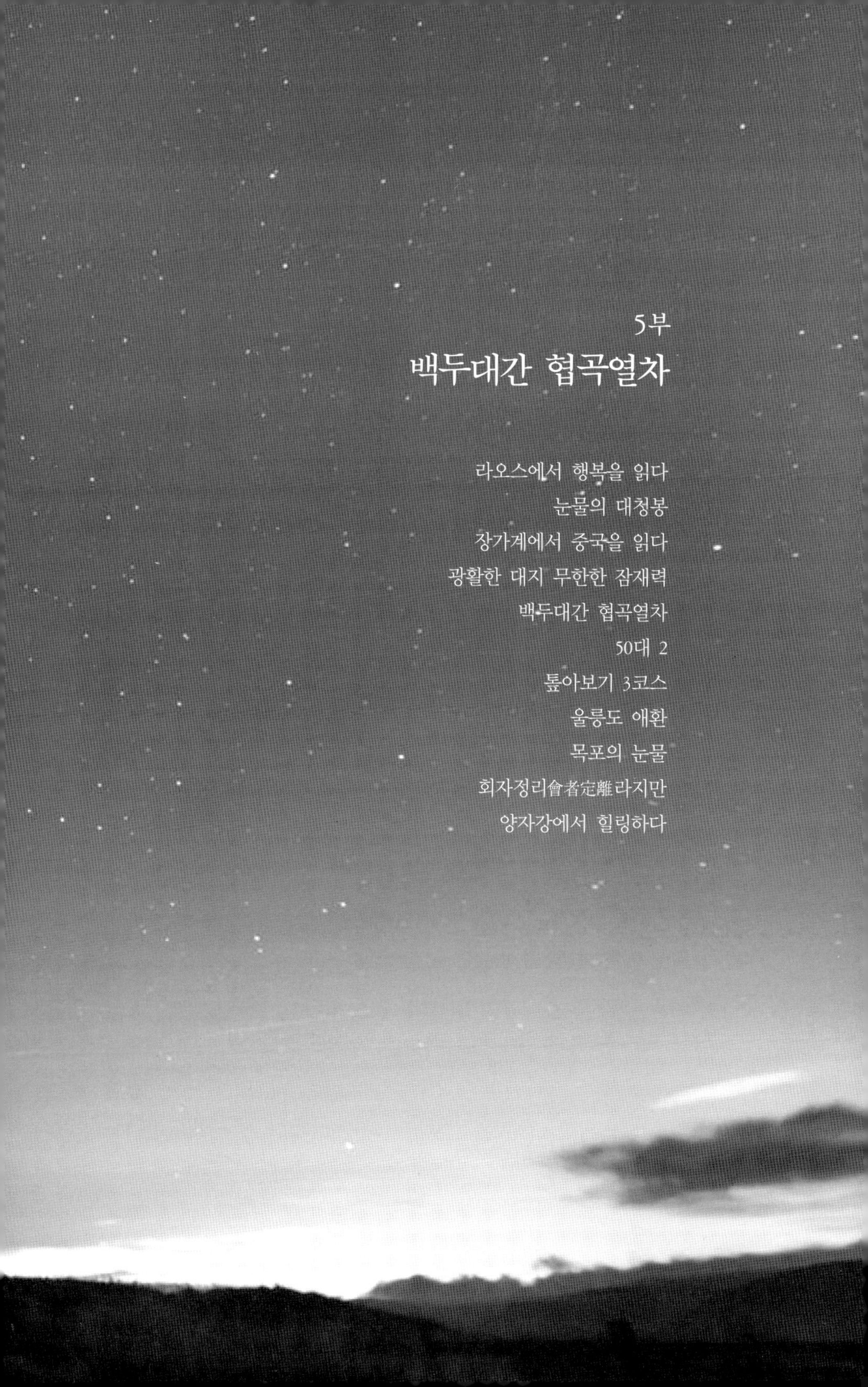

5부
백두대간 협곡열차

라오스에서 행복을 읽다
눈물의 대청봉
장가계에서 중국을 읽다
광활한 대지 무한한 잠재력
백두대간 협곡열차
50대 2
톺아보기 3코스
울릉도 애환
목포의 눈물
회자정리會者定離라지만
양자강에서 힐링하다

라오스에서 행복을 읽다

— 성병조 · 대구시교육청 명예 감사관

S형님, 저는 라오스의 수도 비엔티안을 거쳐 경치가 수려하여 '라오스의 계림桂林'이라 불리는 방비엥을 여행하고 있습니다. 여름휴가를 맞아 문명의 혜택과는 거리가 먼 라오스를 여행지로 선택한 게 참 잘했다는 생각이 듭니다. 방금 잠에서 깨어나니 새벽 네시에 가까웠습니다. 현지 시간으로는 밤 두시쯤이라 모두가 곤히 자는 한밤중인 셈이지요. 어제의 강행군으로 생긴 피곤함을 덜기 위해 일찍 잠자리에 들었더니 평소 기상 시간과 별 차이 없이 일어날 수 있었습니다.

연일 비가 오락가락하는 날씨가 궁금하여 베란다 문을 열었더니 하얀 벽면에 웅크린 도마뱀 때문에 깜짝 놀랐습니다. 꽤 유명하다는 호텔 로비에서도 도마뱀 보기가 우리나라에서 파리를 발견하는 것만치나 빈번하다면 믿어질까요. 하지만 이곳 사람들은 놀라기는커녕 마치 친숙한 이웃처럼 더불어 살아가고 있다는 생각을 가지게 합니다. 우리 일행이 두 차례 저녁 식사를 했던 교포 시당의 벽면과 천장에는 수십 마리의 크고 작은 노마뱀들이 달라붙어 얼마나 징그러웠는지 모릅니다.

이뿐만이 아닙니다. 사람들과 어울려 생활하는 덩치 큰 개들은 마치 주민들의 친구와 같았습니다. 식탁 아래로 유유히 드나드는 개를 내쫓는 사람은 아무도 없습니다. 불교가 성행하는 이 나라는 개고기를 먹지 않기 때문에 집에서나 도로에서도 종종 만날 수 있는 게 개 무리들입니다. 도심을 벗어나 농촌으로 나가면 도로를 유유자적하는 소 떼들과 자주 맞닥뜨리게 됩니다. 우리처럼 소에게 꼴을 먹이기 위해서 사람이 뒤따르는 경우는 거의 없습니다. 날이 밝으면 스스로 집을 나와 풀을 뜯어먹거나 어울려 놀다가 저녁이 되면 정확히 찾아온다는 이야기가 처음에는 어색하게 들렸습니다. 일자리가 없어 무료하게 지내는 원주민들에 비해 유독 소들의 출퇴근 시간만 존재한다는 우스갯소리가 결코 과장이 아니었습니다.

연중 30도를 넘나드는 무더위 속에서 생활하는 삶의 지혜는 오로지 자연환경에 순응하는 길밖에 없다고 생각하는지도 모르겠습니다. 상하常夏의 나라이니 의복에 신경 쓸 필요가 없으며, 배가 고프면 지천에 널려 있는 열대 과일을 따 먹거나 고기를 쉽게 잡을 수 있어 이들의 마음을 한결 편하게 하여 주는 것이겠지요. 자연의 섭리에 따라 살아가는 라오와 함께 지내는 가축들도 이 사람들과 무척 닮아 보였습니다. 닭 울음소리는 종종 들려도 개 짖는 소리를 한 번도 듣지 못한 것만 보아도 도둑 걱정

없이 살아가는 얼마나 평온한 곳인지를 짐작할 수 있을 테지요.

풀을 먼저 뜯어먹기 위해 욕심 부리거나 뿔을 맞대고 싸우는 모습을 보이지 않는 소들의 여유로움에서도 많은 것을 느낄 수가 있었습니다. 예로부터 집에서 기르는 짐승들은 주인의 심성을 닮는 경우를 많이 보았습니다. 집 주인이 부지런하면 소와 돼지가 살찌는 것은 보편적인 현상입니다. 집안 식구들이 유순하면 소도 온순한 경우가 대부분입니다. 그렇듯이 이곳 소들이 싸우는 모습을 전혀 보이지 않는 것도 우연은 아닐 듯싶습니다. 자연 환경에 순응하며 살아가는 것이 일상화 된 이들에게서 경쟁과 욕심을 찾아보기는 어렵습니다. 남의 물건을 탐내는 도둑이 없으며 비포장도로인 데다 워낙 차량이 드물다보니 교통사고 우려가 없는 건 자연스런 일이라 하겠습니다. 경쟁과 욕심이 없는 사회에서 나타나는 인간 본래의 모습과, 그들의 속성을 빼닮은 가축들의 유한함 속에 어우러지는 이곳 특유의 행복 같은 것을 엿볼 수 있었습니다.

S형님, 어제는 트럭을 보완하여 만든 우리의 버스에 해당하는 대중교통 수단을 이용하여 산악지대로 난 먼 길을 달렸습니다. 황톳물이 넘치는 쑹강을 좌측으로 끼고 덜컹거리며 한참을 달려간 곳은 한적한 시골 초등학교입니다. 낯선 사람들이 도착하자 아이들은 익숙한 동작으로 우리 주위를 에워싸기 시작하였습니다. 관광객들이 찾아오면 종종 학용품이나 먹거리들을 주는 데 잘 길들어 있기 때문이겠지요. 방학을 맞아 한산해진 학교는 마치 수용소처럼 을씨년스러웠습니다. 건물이라고 말하기조차 궁

일러스트 ‣ 박상훈 기자 ps@chosun.com

색한 초라한 학교 시설, 발목을 덮는 무성한 풀밭, 건물을 짓기 위해 힘들여 찍어놓은 흙벽돌들이 스산함을 더욱 부채질하였습니다.

보다 놀라운 것은 아이들의 태도입니다. 한꺼번에 몰려든 수십 명의 학생들을 보면서 나름 걱정을 하였지 뭡니까. 우리들이 준비한 학용품을 나눠주기 위해서는 반드시 질서가 필요하다는 선입견이 머리를 스쳤습니다. 누군가 줄을 세워 줄 거라 믿었는데 전혀 그러질 않았습니다. 신발도 제대로 신지 않은 채 땟물 조르르 흐르는 아이들이 내미는 고사리 손에 과자나 학용품을 쥐어 주지만 다투는 사람도, 또 조금 가졌다고 불평하는 아이는 찾아볼 수 없었습니다. 도리어 적게 받은 또래 친구에게 자기 것을 나눠주는 감동을 보여 주었습니다. 전혀 예상치 못한 일이었습니다. 만약에 우리나라에서 이런 나눔의 자선 행사가 벌어졌다면 과연 어떤 상황이 전개되었을지를 그려 보니 부끄러운 생각이 들었습니다.

S형님, 저는 이곳에서 우리의 1950년대를 찾아내고 속울음을

울었습니다. 사냥 하는 미군들을 따라다니며 껌이나 과자를 얻기 위해 애쓰던 어린 내 모습을 발견하였습니다. 떨어진 탄피를 줍거나 과자를 얻어먹기 위해 달렸던 우리들과 어떤 다름이 있을까요. 우리에겐 경쟁과 욕심이 있었고 이들에겐 자기에게 주어지는 것에 만족하는 때 묻지 않은 동심이 자리하고 있다고 하겠습니다. 욕심과 경쟁을 모르는 자연친화적인 생활이 거의 습관으로 고착되어 있었습니다. 요즘 사회문제로 크게 대두되고 있는 학교 폭력, 자살, 교통사고, 강도, 강간 등은 상상조차 할 수 없는 이곳이 우리가 지향하는 이상향은 될 수 없을지라도 한 번쯤 뒤돌아 볼 가치가 있다고 생각되지 않습니까.

문명사회와는 완전히 동떨어진 생활을 하는 이들에게서 불행이라는 단어는 찾아보기 어려웠습니다. 국민의 평균 수명이 겨우 60세라고 합니다. 어디를 가도 노인들의 모습은 눈에 잘 띄지 않았습니다. 우리의 1950, 60년대에 견주어 보지만 그때의 우리보다 더 가난하면 가난했지 조금도 나아 보이지 않았습니다. 지금도 아이들의 머리카락 속에는 이가 기생한다고 합니다. 제대로 먹지 못해 성장 발육이 더디고, 주거 환경이 극도로 열악한 아동들에게서 밝은 내일을 기대하기가 쉽지 않아 보였습니다. 우리가 건네주는 일시적인 호의가 그들에게 어떤 영향을 미칠지도 염려하지 않을 수 없습니다. 고기를 그냥 주기만 할 게 아니라 잡는 방법을 가르쳐 주어야 한다는 초보적인 명제 앞에서 망설이게 됩니다. 주민들에게 행복을 안겨주는 또 다른 요소는 내세관來世觀이 아닐까 여겨집니다. 비록 짧은 생을 살지만 다음 세상을 굳게 믿기 때문에 어느 누구도 죽음을 두려워하지 않는다는 사실이 놀라울 뿐입니다. 사람이 죽으면 장작을 포개 화장한 후 유골을 가까운 납골당에 안치하는데 이 과정을 무슨 축제처럼 여긴다는 설명에 고개가 갸우뚱거려졌습니다.

매일을 전쟁처럼 치열한 삶을 살아가는 우리들과는 아주 딴 세상을 살고 있는 사람들입니다. 주어진 환경에 잘 길들여진 그들의 삶이 과연 우리들에게 어떤 교훈을 안겨 주는 것일까요. 장사를 하는 경우에도 많이 팔리거나 적게 팔려도 일희일비하지 않고 오로지 자기한테 주어진 상황에만 만족하는 그들이 신기할 정도입니다. 이웃 가게의 물건 팔림에는 아예 상관조차 않는다고 합니다. 손님이 찾아오면 무엇이든지 내주려고 하는 그들의 고운 심성이 돋보이는 곳입니다. 비포장 산악 도로를 달리다 버스 타이어가 펑크 나는 바람에 어렵사리 찾아간 카센터에서도 이런 소박한 인정이 우리를 맞았습니다. 낯선 손님들을 위해 집 안의 크고 작은 의자를 몽땅 내어 놓는 안주인의 배려는 짙은 감동으로 여울졌습니다.

S형님, 과연 인간의 행복은 어디서 오는 것일까요. 많이 가진 부자만이 결코 행복할 수 없다는 사실을 깨달은 것도 이번 여행에서 얻은 작은 소득이 아닐까 여겨집니다. 재산을 축적하기 위해 갖은 술수를 다 부리고, 남의 물건을 탐하여 저질러지는 온갖 일탈 행위, 원초적인 욕구를 충족시키기 위해 행해지는 성 폭력, 자살과 교통사고 등이 없는 이곳의 행복지수가 도대체 얼마나 될지를 상상해 보았습니다. 부富의 가치를 만끽하면

서도 성장의 부산물로 인해 홍역을 치르고 있는 우리들의 행복지수가 이들보다 결코 높지 않을 거라는 생각을 가져봅니다.

실내까지 들어와 마음껏 노니는 도마뱀, 사람이 있는 곳이면 어김없이 나타나는 개 무리들, 심심찮게 들려오는 닭 울음소리, 도로를 나서면 항상 마주치는 소 떼들로 상징되는 라오스. 그런 동물들과 호흡을 같이하는 원주민들을 만나는 동안 과연 인간의 참된 행복이 무엇인지를 겸허하게 돌아보게 됩니다.

제대로 가진 것이 없어도 이웃을 탐하지 않으니 도둑 걱정이 없으며, 남들보다 더 잘살겠다는 욕심을 부리지 않으니 치열한 생존경쟁이 자리할 수 없는 곳이 바로 라오스라 할 수 있습니다. 비포장도로인 데다 통행하는 차량이 적어 교통사고 우려가 없는 곳, 비록 평균 수명이 60세에 불과하지만 내세를 믿으니 죽음의 두려움이 없는 이들을 어찌 연민의 눈으로만 바라볼 수 있겠습니까. 빈곤의 굴레에서 벗어나지 못했지만 이웃과 오순도순 정 나누며 살았던 우리들의 1950, 60년대의 향수를 불러오게 한 이번 여행은 오래도록 뇌리에서 사라지지 않을 것 같습니다.

(조선일보 '조선에세이', 2012. 9. 19)

눈물의 대청봉

대청봉 등산길이 이토록 힘든 줄 상상조차 못했다. 해발 1,708m, 한국 제일의 명산이라는 설악산 최고봉을 너무도 가볍게 생각한 게 아닌가 싶다. 아무나 오를 수 있는 대청봉이라면 그 누가 영봉靈峯이라 하였겠는가.

우리가 대청봉을 정복하겠다고 마음먹은 지는 꽤 오래되었다. 아내는 틈만 나면 대청봉을 오르자고 졸라대곤 하였다. 몇 해 전에는 오십견을 심하게 앓으면서도 하도 채근하는 바람에 설악산 등반에 나선 적이 있다. 오전 11시경 백담사를 출발하여 무려 여덟 시간이 걸려 봉정암까지 오르는 쾌거를 이루었지만 악천후로 정상 정복의 꿈은 이루지 못했다.

새벽길을 달려 가벼운 마음으로 도전한 애송이에게 대청이 속살을 쉽게 내어줄 거라 기대한 건 오산이었다. 해발 천 미터에 위치한 한계령을, 정상에 오를 수 있는 대체로 무난한 지점으로 여겨 겁 없이 덤벼들었다. 정상까지 다섯 시간 정도 소요된다는 말에만 위안을 삼고 오전 7시경 한계령을 떠났지만 시간이 해결할 수 있는 문제는 결코 아니었다.

난관은 얼마 지나지 않아 아내에게 찾아왔다. 물기가 배어 미끄러운 데다 등산객들이 디뎌 매끈해진 나무뿌리를 정통으로 밟았으니 어찌 온전할 리가 있으랴. 얼굴을 땅에 박고 쓰러진 아내를 겨우 일으켜 세우니 팔과 다리는 온통 상처투성이다. 예견된 실수에 어이가 없었지만 고산준령에서 화를 낼 수도 없는 노릇이다. 상처 부위를 휴지로 닦고 준비해 간 파스를 붙인 후 갈 길을 재촉하지만 발걸음은 더욱 무겁게 느껴진다.

엷은 안개로 둘러쳐진 설악산은 우람하게 자란 수목들이 일품이며 정상에 오를수록 펼쳐진 바위의 웅장함은 어디에 비겨도 손색이 없다. 얼마 전 다녀온 중국 황산을 침이 마르도록 자랑했지만 설악의 거암도 이에 뒤지지 않는 특색과 아기자기함을 보여준다. 우물 안 개구리가 세상 넓은 줄 모르듯이 황산만 보고 어찌 설악을 이야기할 수 있으랴.

서북능선의 마지막 지점격인 끝청에 도착하자 안도의 숨을 내쉴 수 있었다. 그곳을 반환점으로 하여 한계령으로 뒤돌아가는 등산객도 눈에 띄었다. 품새로 봐선 초행이 아니라 지리에도 익숙한 듯 여겨졌다. 나는 만나는 사람마다 물어보고 싶은 것도 많았다. 어느 지방에서 왔으며, 어디서 출발하여 정상을 올랐다가 어느 방향으로 내려가는지 등등 등산 초보자답게 모든 게 궁금하였다.

중청대피소가 눈 아래로 펼쳐지고 그 위로 웅장함을 드러낸 대청봉이 감동으로 다가온다. 주변에는 지금까지 시야에 들어온 나무와는 전혀 다른 수종의 땅딸막한 식물들이 자생하고 있다. 매스컴에서 첫눈 소식이나 기온 급강하, 아니면 단풍철에 몰려든 인파 소식을 보도할 때마다 자주 등장하던 대청봉을 떠올리며 무거운 발길을 옮긴다.

꿈에나 그리던 설악산 정상에 얼마나 오르고 싶었던가. 벅찬 감동을 주체하기 힘들었다. 비 온 뒤 지천으로 날아다니는 잠자리의 군무도 오늘따라 한결 이채롭다. 사람이 그리운 것일까. 시골에서 잠자리를 잡으려고 다가가면 어느새 달아나 버리는 재바른 녀석들이 이곳에서는 사람 무서운 줄도 모르고 함께 즐기자며 달려든다. 바위 위에 앉아 쉬다가 등산객에게 밟혀 죽은 놈도 숱하게 보인다.

오색으로 향하는 길은 한계령에서 오르는 길보다 경사가 훨씬 심한 편이다. 마주치는 사람들도 무척 많았다. 소청 대피소나 봉정암에서 일박한 후 대청봉에 올랐다가 백담사 방면으로 하산하는 분이 다수인 듯싶다. 우리만큼 어려움을 겪는 사람은 찾아보기 힘들다. 뒤따라오나 했더니 어느새 달아나듯 무정하게 가버리니 우리만 자꾸 소외되는 느낌이다.

그동안의 피로가 한꺼번에 몰려오면서 고질적인 왼쪽 무릎 통증이 되살아난다. 아내도 기력이 모두 소진되었는지 가쁜 숨소리를 쏟아낸다. 나라도 무사하다면 조금이나마 도와줄 수 있을 텐데 그럴 형편도 되지 못하니 안타깝기 그지없다. 한 손으로는 스틱을 잡고 다른 손으로는 등산길 옆 보호대 밧줄을 겨우 부여잡은 채 갈 길을 재촉하지만 몸은 천근만근 무겁기만 하다.

걷는지 기는지조차 구분이 어려울 정도로 거북이걸음을 내딛는 순간 아내는 또다시 실수를 저지르고 말았다. 다리가 풀리면서 앞으로 고꾸라져 버린 것이다. 비명을 듣고 달려가 일으켜 세웠지만 반쯤은 정신 나간 표정이다. 비가 오더라도 등산을 감행하겠다는 무모한 생각, 별로 힘든 산행이 아닐 거라는 단순한 사고思考가 얼마나 무서운 화를 부르는지를 여실히 증명해준 날이었다고나 할까.

겁 없이 덤벼든 풋내기 등산객에게 이보다 더한 벌을 내리지 않은 것만으로도 감사하고 감사해야 할 일이다. 어설프게 도전한 대청봉 산행은 우여곡절 끝에 마무리되었지만 여러 교훈을 안겨준 날이었다. 분수 모르고 무작정 뛰어든 우리들에게 불의의 큰 사고가 닥쳤더라면 어떻게 되었을까. 그것도 장마철에 비가 잠시 그친 틈을 이용한 등산은 상상만 해도 끔찍한 일이다. 천신만고 끝에 오색에 이르니 온몸이 땀에 젖은 채 어둠은 우리 주변을 무겁게 감싸고 있었다.

아! 대청봉이여, 눈물의 대청봉이여!

(대구문학, 2010. 7. 26)

장가계에서 중국을 읽다

S형님, 저는 지금 중국의 남서부에 위치한 장가계張家界와 그 주변을 여행하고 있습니다. 아들 상민이의 결혼 날짜를 며칠 앞두고 서둘러 중국 여행을 계획하게 된 것은 순전히 아내의 입장을 배려하였기 때문입니다.

잘 아실 줄 믿습니다만 교직 생활 35년에 이르는 아내는 이런 여행을 통해 생활의 활력을 찾고, 또 그동안 쌓인 스트레스를 해소하려 듭니다. 이렇게 해외여행을 하고 나면 다가올 새 학기를 거뜬히 보낼 수 있는 에너지가 충전된다고 하는 말을 결코 외면할 수가 없습니다. 아마 예비 사돈께서 이 일을 아시면 좀 별난 사람도 있구나 하고 흉보지는 않을지 모르겠습니다.

S형님, 저는 장가계의 유명한 명승지를 소개하거나 둘러본 소감을 세세하게 말씀드리기보다는 짧은 5일간 이곳에서 느낀 점 몇 가지를 전해드릴까 합니다. 이것은 어쩌면 거대 중국을 떠받치는 저력이랄 수도 있을 테고, 또 다른 면에서는 앞으로 힘차게

나아가는 대륙의 힘이 어디에서 분출되는지를 엿볼 수도 있을 것입니다.

먼저 규모의 웅대함이자 그런 웅장함을 만드는 힘과 기술을 들고 싶습니다. 장가계 시내에서 시작하여 천문산 1,500m 정상까지 장장 7.45km에 이르는 케이블카는 상상을 초월하고 있습니다. 도심 주택가나 건물 위를 지나는 게 좀 생경하고, 정상에 이를 무렵 가파른 바위 틈새에 세운 높은 기둥과 급경사를 타고 오르는 케이블카는 탄성과 두려움을 한꺼번에 안겨 주었습니다.

또 다른 놀라움은 천자산에서 내려올 때 탑승한 엘리베이터의 높이입니다. 지상에서 325m에 달하는 두 대의 승강기를 웅장한 바위 틈새를 뚫고 세우기까지 얼마나 많은 노력과 아이디어가 경주되었겠습니까. 1분 50초가 걸리는 탑승 시간 동안 투명 창밖으로 펼쳐지는 기암괴석의 경이로움을 자연 그대로 감상할 수 있도록 설계한 중국인들의 아이디어에 입을 다물 수가 없었습니다.

다음은 관광지의 긴 출입구가 대부분 상가 중심을 통과하도록 만들어져 있다는 점입니다. 만약 우리나라에서 이런 식으로 통행로를 냈다면 그곳을 찾는 관광객들의 불평불만이 얼마나 클 것인지를 짐작해 봅니다. 상인들의 편의만을 생각한 편파적인 발상이라고 반발하는 사람들이 줄을 이을 거라는 예상이 어렵지 않을 것입니다. 비록 관광객들이 다소 둘러가는 한이 있더라도 그곳 주민들에게 이익을 가져다줌으로써 서로가 윈윈하는 모습이 무척 보기 좋았습니다.

끝으로 명승지 입구마다 줄을 설 수 있도록 만든 줄 서기용 철 구조물들입니다. 14억 인구를 가진 거대 중국에서 쏟아져 나오는 수많은 관광객들의 이동은 한국에서는 좀체 찾아보기 힘든 광경입니다. 그런 무수한 사람들을 스스로 줄 세우기 위해서는 이 같은 묘책이 나오지 않을 수 없겠지요. 우리나라에서는 쉽게 볼 수 없는 줄 서기용 인공지물이 각 곳마다 완비되어 있는 게 여간 신기하지 않습니다.

무엇이든지 일등 중심으로 나아가겠다는 중국인들의 발전 모습은 가히 눈부실 정도입니다. 지난 2월에 들렀던 곤명이나 이번에 들른 장사, 장가계 등 곳곳에 끊임없이 이어지는 고층 빌딩 공사는 역동하는 중국의 모습을 웅변적으로 보여주는 것이 아닌가 여겨집니다.

장사시에는 지하철 공사가 한창 진행되고 있었습니다. 건축 공사의 웅장함에 비길 만한 강들도 종종 눈에 띄었습니다. 아직도 사회주의 국가에서나 가능한 일일까요. 개인의 재산권이 다소 침해받아도 정부의 주요 시책은 별 어려움 없이 진행될 수 있어 보였습니다. 천문산을 오르는 케이블카 아래에 놓인 주택이나 아파트 주민들의 반대가 얼마나 있었는지 모르지만 이처럼 어렵게 놓인 케이블카를 타고 오르는 수많은 관광객들을 통해 벌어들이는 외화가 실로 어마어마하리라 여겨집니다.

오늘 오후에 들른 용왕동굴의 규모나, 그 속에 담긴 온갖 기기묘묘한 종유석과 석순, 그리고 배를 타고 통과하는 구간들이 큰 감동을 자아내게 하였습니다. 외화를 벌어들일 수 있도록, 또 관광객들이 돈을 쓰지 않으면 안 될 정도로 완벽하게 갖추어 둔 온갖 준비들이 중국인들에게 얼마나 큰 땀을 요구하였는지 상상조차 어렵습니다. 우리나라에서는 결코 볼 수 없는 규모의 장대함과 아름다움, 그 속을 헤집고 다니는 수많은 관광객들을 보면서 대한민국의 오늘을 생각합니다.

가는 곳마다 들끓는 수많은 관광객들에 압도당하고 만 짧은 여정이었습니다. 흔히 경상도 사람들의 유별난 소란스러움을 지적합니다만 이곳 중국인들의 왁자지껄함은 비교가 되지 않을 정도입니다. 가는 곳마다 펼쳐지는 춤사위에서 중국인들의 심성을 엿볼 수 있습니다. 관광지에서 마주치는 중국인들의 놀라운 아이디어와 강하게 분출되는 저력들을 몸소 체험하면서 우리는 우리에게 맞는 발전의 길을 찾을 수밖에 없겠지요. 비록 서둘러 다녀온 짧은 여행이지만 무서운 중국의 숨결을 느낄 수 있는 뜻깊은 시간이었다고 생각합니다.

— 2013. 8. 10. 중국 장사에서

광활한 대지 무한한 잠재력

– 중국 곤명에서

S형님, 중국 대륙이 넓다고는 하지만 남한 면적보다 무려 백 배 가까이 넓다는 말에 놀라지 않을 수 없습니다. 대륙의 서남단에 위치한 운남성雲南省만 하더라도 우리나라보다 네 배나 더 크다는 게 잘 믿기지 않습니다. 산지의 면적이 90%에 이른다는 이곳은 가는 곳마다 임야라는 느낌이 들 정도로 산지 천지입니다. 성도省都인 곤명시昆明市가 해발 1,900m 정도라고 하니 지금 제가 발 딛고 서 있는 곳이 한라산 높이와 비슷하다고 보면 될 성싶습니다.

거리 곳곳에는 고층빌딩 건축과 지하철 공사로 개발의 열기를 실감할 수 있습니다. 거리도 잘 정비되어 있고, 또 생각보다 깨끗하며 시민들이 움직이는 모습도 무척 활발해 보입니다. 자전거와 오토바이 통행을 위해 전용도로를 개설해 놓은 점이나 육교에 자전거나 오토바이가 다니는 데 불편이 없도록 경사로를 만든 것은 주목할 만합니다. 거리의 가로등도 도시의 특성을 살려 꽃 모양으로 장식하여 외지인들의 관심을 끌고 있습니다. 연중 평균 기온이 5~20도 전후를 유지하고 있어 상춘常春의 도시라고 불리어질 정도로 기온이 온화하여 국내외 관광객들의 발길이 끊이지 않는 곳입니다.

S형님, 운남성에 산재한 여러 관광지를 둘러보고 있지만 어제 들른 두 곳은 오래도록 뇌리를 떠나지 않을 것 같습니다. 바로 구향九鄕동굴과 석림石林입니다. 구향동굴은 아홉 개의 전통 마을을 망라하고 있어 붙여진 이름이라고 합니다. 약 6억여 년 전에 형성된 동굴로 1993년에 처음 발견된 후 오랜 개발을 거쳐 1999년부터 일반인에게 개방하기 시작했다고 합니다. 관광코스 중 동굴 이야기가 나올 때부터 궁금증을 가지고 있었습니다. 동굴이 많기로 소문나 있고, 또 동굴 축제까지 여는 우리나라 삼척이 제일인 줄로만 알고 있었습니다. 환선동굴을 비롯한 삼척의 몇 곳, 그리고 인근 울진의 성류굴 등을 이미 둘러보았기에 더욱 그러합니다. 구향동굴을 그저 평범한 동굴이라고 가볍게 여겼던 게 부끄러울 지경입니다.

엘리베이터를 타고 수십 미터를 내려가면서부터 시작되는 수백 개의 크고 작은 동굴은 상상을 초월하였습니다. 입구는 큰 물줄기가 흐르는 계곡이요, 지하는 불가사의로 여겨질 정도로 색다른 모습을 보여주고 있습니다. 규모가 얼마나 크던지 지하 광장에서는 수백 명의 관객이 참석한 가운데 유례없는 대형 음악제가 열린 적이 있다고 합니다. 거대한 폭포, 계단식 논과 같은 바위가 층을 이루면서 자연의 신비스러움을 한껏 뽐내고 있었습니다. 우리가 지금까지 보아온 고드름 같은 종유석이 이곳에서는 무슨 석순처럼 거창하고 웅장하게 치솟아 있어 그 규모에 놀라게 됩니다. 이곳을 '동굴 박물관', '동굴의 고향'이라고 부르는 게 조금도 지나치지 않다는 생각을 가지게 됩니다.

광대무변한 자연의 조화는 우리를 황홀경으로 몰아가는 데 부족함이 없습니다. 동굴이라기보다는 차라리 지하 요새와 닮았다고나 할까요. 그토록 긴 세월 동안 잠자고 있던 동굴이 지상으로 나와 웅장한 자태를 얼마나 뽐내고 싶었을지를 상상해 봅니다. 인간의 힘으로는 도저히 흉내조차 내기 어려운 무궁한 자연의 조화 앞에 겸손해집니다. 큰 훼손 없이 본래의 모습을 인간의 힘으로 펼쳐 보일 수 있다는 데도 감탄하지 않을 수 없습니다. 깎아지른 바위 사이로 길을 내고, 또 계단을 만들어 관광객들이 불편 없이 구경하도록 한 중국인들의 노력이 고마울 따름입니다. 동굴의 마지막 부분에 이르면 가파른 경사도를 따라 수백 계단을 오르게 됩니다. 이곳에는 노약자들을 돕기 위한 특유의 인력거(가마)가 줄지어 대기하고 있어 지나는 사람들의 눈길을 끌고 있습니다.

S형님, 다음 들른 곳은 땅에서 치솟은 듯한 거대한 돌들이 숲을 이루고 있는 석림石林입니다. 말 그대로 기암괴석으로 이루어진 기기묘묘한 바위들의 경연장입니다. 2억7천만 년 전 형성되었다는 병풍 같은 바위들은 우리의 상상을 훨씬 뛰어넘고 있습니다. 400㎢에 달하는 광활한 면적에 파노라마처럼 펼쳐지는 자연의 조화가 어찌 이토록 아름다울 수가 있을까요. 아무리 우수한 조형 예술가라 하더라도 감히 흉내 내기 어려운 갖가지 형상

의 바윗돌을 바라보면서 자연의 오묘함에 입이 다물어지지 않습니다. 여러 모습을 하고 있는 이 바위들이 어떻게 형성된 것인지 쉽게 이해가 되지 않습니다. 수십 명이 타는 전동차에 올라 석림한 바퀴를 돌면서 바라다본 바위 숲은 실로 웅장함과 신비 그 자체입니다.

석림은 지표면의 가용성 암석이 물로부터 용해되어 장구한 세월 동안 침전, 탈락, 부식 등의 작용을 거치면서 형성된 것으로 이곳에서는 '천하 제일비경'이라고 자랑합니다. 세계 문화유산으로 지정된 게 손색이 없을 정도로 우리를 감동의 도가니로 몰아넣고 있습니다. 언제 다시 이런 장엄한 자연의 조화를 볼 수 있을까 싶어 죄다 머리에 새겨두려고 애썼습니다. 천혜의 자연경관을 잘 보존하고 가꾼 중국인들의 노고를 다시 한번 생각하게 됩니다. 풍부한 자연 환경, 광대한 땅덩어리, 눈부시게 발전하는 대륙을 체험하면서 그들의 주장대로 세계 제일의 나라로 발돋움하는 날이 그리 멀게 느껴지지 않습니다.

며칠간의 여행을 통해 어찌 중국이라는 거대 국가를 제대로 이해하였다고 할 수 있겠습니까. 하지만 무한한 잠재력과 놀라운 추진력이 더욱 증폭되어 언젠가는 세계 최강의 나라가 된다는 데 이견을 보일 사람은 아무도 없어 보입니다. 이웃한 열강들의 치열한 각축 속에서도 지속적으로 성장을 이룩한 우리가 이들에게 뒤지지 않으려면 전 국민이 똘똘 뭉쳐 더욱 허리끈을 졸라매야겠다는 생각을 가지게 됩니다. S형님, 귀국해 만날 때까지 안녕히 계십시오.

(2013. 1. 26)

백두대간 협곡열차

백두대간 협곡열차

오래 벼르던 기차 여행을 하였다. 무궁화호를 타고 중앙선, 영암선을 경유하는 여정이다. 이른 새벽 동대구에서 출발하여 영천, 의성, 안동을 거쳐 영주에서 협곡열차로 갈아탄다. 백두대간을 달리는 협곡열차는 이게 유일하다. 영주, 분천, 양원, 승부역을 지나 철암역에 이른다. 30km의 저속으로 달리면서 역마다 20여 분 정도 쉬어가기에 풍물도 즐기고 사진 촬영도 충분히 할 수 있다. 눈이 올 때는 비경 중의 비경이지만 이번에는 그렇지 못했다. 철암역에서 관광버스로 갈아타고 황지, 검룡소, 하이원 추추파크 레일코스트(7.7km)도 즐겼다. V-Train이라고도 불리는 협곡열차 여행의 감흥은 오래 지속될 것 같다.

봉화 춘양

얼마나 오랜만에 지나는 시골 마을인가. 내가 춘양에 직접 들른 지는 수십 년도 더 된다. 그 후 기차로 정동진 가는 길에 경유한 기억이 있는 이곳을 주말 영주서 출발하는 백두대간 협곡열차로 지났다. 춘양에 대한 기억은 기찻길이 마을 좌측에서 우측으로 반 바퀴 돈다는 것과, 춘양목의 유명세, 그리고 전국적으로 겨울 기온이 제일 낮다는 점이다. 일설에는 산으로 둘러싸인 마을 위치 덕분에 공중에서도 보이지 않는 전략적 요충지라는 말을 들었지만 확실치는 않다. 일기 예보에서 봉화 기온이 가장 낮게 나오는 것은 바로 춘양 때문이다. 춘양은 아름다운 이름만큼 시골 내음이 가득한 산골 동네다.

애정과 무관심

백두대간 협곡열차를 타면 온갖 비경을 다 만나게 된다. 경치가 가장 좋은 곳이 분천역에서 석포역 구간이라 할 수 있다. 이 구간을 지나면서 여행 가이드와 열차 승무원에게 물었다. 전국 최초의 민자 역사이자 기차 여행의 성지라 불리는 양원역에서 '하늘도 세 평 꽃밭도 세 평'이라는 승부역까지 승용차 길이 있느냐고. 모두가 예스란다. 이럴 수가? 재작년 석포에서 승부역까지 승용차로 가면서 겨우 확인한 일인데…. 그동안 혹시 변화라도 있었나 하고 물었는데 모두 잘못된 답변을 내놓는다. 관계자라 해도 관심과 애정이 소홀하면 이런 엉터리 답이 나올 수밖에 없다.

태백시의 희망

태백은 비록 대구에서는 먼 곳이지만 여러 차례 들러 익숙한 도시이다. 석탄 산업의 쇠퇴로 어려움을 겪고 있다. 지난 주말 그곳에 들렀더니 철암, 장성, 황지 등 곳곳에 대형 현수막이 걸렸다. <부영 이중근 회장님, 오투 리조트를 인수해 주셔서 고맙습니다> 참 희한한 현수막이다. 태백시는 거액을 들여 O2 리조트 개발에 나섰다. 콘도, 골프, 스키 등 종합 레저타운으로 막대한 예산을 투자했지만 중도 실패로 큰 낭패에 빠졌다. 이를 돕기 위해 아파트 건설로 유명한 부영이 나선 것이다. 대구타워를 인수했던 우방처럼 부영그룹이 뛰어든 것은 태백시민에겐 큰 희망이다. 황지연못 주변 상가들 모두 죽을 맛이라고 푸념들 한다.

하이원 추추파크

우리나라에 지그재그, 즉 스위치백 철길이 남아 있을까. 좀 유심히 관찰한 분들은 영동선 통리역을 지나 도계역으로 가는 길, 백두대간에 놓인 스위치백을 기억할 것이다. 그게 없어진 지는 꽤 지났다. 그 아래로 터널을 뚫고 땅 위를 하이원 추추파크라는 이름으로 개발하였다. 막대한 자금이 투입된 창의적인 발상이 아닐 수 없다. 주소는 삼척시 도계읍에 속하지만 통리역과 나한정역의 중간 지점이다. 국내 최초의 기차 테마파크로 조성, 미니트레인, 인클라인트레인, 스위치백 트레인(9.2km), 레일바이크(7.7km) 등과 숙박시설이 잘 갖추어져 있다. 아이디어가 돋보이는 이곳을 체험하고 돌아왔다.

가수 문희옥

낯선 곳에 가면 제대로 된 식당 찾는 게 문제될 때가 있다. 태백 황지 연못 근처에서다. 인근 자유 시장에서 점심을 해결한 후 저녁때는 여러 곳을 두리번거렸다. 가능하면 손님이 많은 곳이 무난하다. 일단의 등산객이 보이는 식당에 들렀다. 서울에서 왔다는 10여 명의 손님은 매년 태백산 등산 후 이 식당에 들른다고 하였다. 식당 벽면은 낙서투성이다. 그중 눈에 뜨이는 이름이 문희옥이다. 태백에서 태어나 그곳서 중학교까지 다니는 동안 집안이 무척 어려웠다고 한다. 그는 평범한 회사원 남편을 두고 있으며, 말투가 느리고, 매우 성실한 기독교신자 정도로 알고 있다. 그가 강원도 오지 태백 출신이라는 사실을 이번에 처음 알았다.

Y문화원 하모니카반

백두대간 협곡열차 여행에 동행한 팀이다. 북영천역에서 탑승한 20여 명은 동아리의 전형을 보여준 모범 사례라 해도 좋을 것이다. 탑승하여 마칠 때까지 보여준 아기자기한 모습들이 인상 깊었다. 절정은 영주서 시작된 협곡열차 안에서였다. 전체 3량 중 중간 칸은 그들의 차지였다. 코레일에서 준비해둔 고등학교 교복으로 갈아입고 하모니카 연주를 하는데 눈이 부셨다. 독주와 노래, 합주 등이 이어지면서 관광객들의 박수를 듬뿍 받았다. 이를 지켜본 여객전무가 공연 실황을 전 차량에 중계하여 여행의 기분을 한껏 드높였다. 그들은 장소를 가리지 않고 익힌 기량을 맘껏 보여주었다.

관광 상품화

협곡열차를 타고 여행한 뒤의 바람이다. 코레일의 아이디어도 좋지만 이걸 좀 더 전향적으로 발전시킬 수는 없을까. 해외여행을 하다 보면 우리보다 못한 곳들도 버젓이 관광 상품으로 나와 있는 경우를 본다. 해외라는 특수성만으로 우린 쉽게 받아들인다. 스위스 융푸라우 산악열차나 대만의 아리산 고산열차처럼 우리도 특화시키면 가능하지 않을까 싶다. 홍보만 잘하면 더욱 빛날 수 있다. 백두대간, 낙동정맥, 협곡, 고산준령, 간이역과 전통 상품, 농가, 낙동강(황지)과 한강(검룡소) 발원지, 설국, 석탄 산업의 옛 모습 등을 한데 아우르면 실체가 분명하지 않은가. 적극적인 연구 검토가 필요하다는 생각이 든다.

(대구수필가협회 연간집 『대구의 수필』, 2016. 12)

50대 2

보기 드문 구성비율도 다 있다. 보통 접하는 경쟁률이라면 당연히 50:1이 맞을 텐데 그런 구성비도 아니다. 2001년 히딩크가 처음으로 한국축구 국가대표팀 감독을 맡아 얻은 악명이 있다. 화려한 축구의 나라 프랑스와 체코에 연이어 5:0으로 지는 바람에 '오대영'이라는 별명이 붙은 걸 기억할 것이다. 하지만 그것도 아닌 50:2가 도대체 무슨 숫자란 말인가.

올봄 초입 아내로부터 제안이 있었다. 9월 말부터 미국과 캐나다 여행을 계획하고 있는데 함께 가지 않겠느냐고. 여느 때 같으면 처음부터 의논 후 결정할 일이지만 이번에는 상황이 좀 달랐나 보다. 수년 동안 열심히 연습하고, 또 몇 차례 발표회까지 치른 K여고 동창 합창단이 미국 공연을 가게 되었단다. 그것도 세계적인 명성 속에 누구나 서보고 싶은 꿈의 무대인 뉴욕 카네기홀이라니 더욱 구미가 당겼다.

현직에서 은퇴할 무렵 우리는 미국 여행을 자주 꿈꾸어 왔다. 그것도 짧은 기간이 아닌 한 달여에 걸친 둘만의 자유로운 여행을 하고 싶었다. 그러던 차에 다가온 기회여서 무척 호감이 갔다. 다행스럽게도 남편에게까지 문을 열었는데, 그리고 요즘처럼 유한有閑한 때가 없는데 굴러 들어온 복을 놓치기 싫었다. 아내 역시 공연 날짜가 잡히자 상당히 들뜬 표정이다. 자신이 경영하는 카페의 문까지 잠그고 떠나겠다는 야심 찬 포부를 보인다.

참가자 윤곽이 서서히 드러나고 공연 계획이 차츰 구체화된다. 50명의 여성 합창단원 중에서 남편 희망자가 대여섯 명이나 된다고 한다. 기대에 미치지는 못해도 이만한 숫자면 함께 어울릴 만하다고 생각하였다. 그런데 전혀 예상치 못한 일이 찾아들고 말았다. 남자 신청자 중 대부분이 중도 포기하고 겨우 두 명만 남게 되었다.

이를 어쩌면 좋단 말인가. 명문 여고의 동창들로 구성된 합창단이라면 엘리트 중의 엘리트라 할 수 있을 것이다. 그런 사람들과 10일간 동행? 생각할수록 머리가 복잡해진다. 거대한 여성 군단 속에서 슬기롭게 지낼 수 있는 방법이 뭘까. 개밥에 도토리 신세가 될까봐 염려된다. 자존심 강하기로 유명한 K여고 출신 아내와 사는 게 힘들지 않느냐고 동정 어린 시선을 보내올 정도로 척박한 토양이다.

식자우환識字憂患이라고 하였던가. 살다 보면 너무 유식하여 골치 아픈 경우도 더러 있나 보다. 차라리 좀 모르면 남편 맘먹은 대로 이끌어갈 수도 있지만 아내가 너무 똑똑하면 실력 발휘가 어렵다.

우리 부부는 여행을 무척 좋아한다. 그동안 대기업과 학교로 나뉜 직장 사정 때문에 동반 해외여행은 뜸했어도 국내여행 때는 항상 동행하였다. 하지만 우리 사이에는 언제나 그림자처럼 따라다니는 징크스 같은 게 있었다.

아내가 들으면 섭섭해할지 몰라도 둘의 취향이 다름을 고백하지 않을 수 없다. 나는 사전 계획에 충실하고 지리에 밝은 반면 아내는 상황에 따라 맘이 변하기도 한다. 아내는 찾아가는 고을마다의 향토 음식에 강한 집착을 보인다. 순간순간 떠오르는 생각을 마구 쏟아 놓는 바람에 식겁을 한다. 나는 낯선 곳일지라도 거리와 소요시간까지 가름하는데 그걸 모르는 아내의 무리한 요구가 종종 우리 사이를 갈라놓을 때가 있다.

이런 벼랑 끝에 선 부부가, 그것도 여러 합창단원들이 지켜보는 가운데 수일간 함께 지내게 된다니 염려되지 않을 수 없다. 지난날 여행에서 경험한 아름다운 추억보다는 마음 아팠던 일들이 많았음을 감추기 힘들다. 그때의 상흔 때문에 여행에는 두 번 다시 동행하지 않으리라 작심한 우리가 아니었던가.

참가 인원과 여행 일정이 구체화되면서 나만의 과제가 생겼다. 기라성 같은 여성들 틈새에서 기죽지 않고 살아남으며, 아내와 토라지지 않는 감동 여행이 되도록 간구하는 일이다. 어려운 해외 나들이에 함께 갔다가 자칫 아내의 쪽을 판다면 나서지 않는 것만 못하다. 뉴욕에서 나이아가라 폭포로 이동하는 버스 속에서 남편 둘에게 인사할 기회를 준다. 여왕처럼 떠받드는 우리 시대 최고의 여성들에게 보내는 뜻깊은 헌사를 찬란하게 날린다.

여행의 반이 지나가는 지금까지는 그런대로 잘 처신해 온 것 같다. 초심을 잃지 않고 귀국하는 날까지 그 마음 지속시키려고 다짐하고 또 다짐한다. 역사적인 카네기홀 공연도 성공적으로 마무리 짓고, 또 우리 부부의 금슬 좋음이 그들에게 인식되는 호기가 되기를 간절히 소망한다. 50:2는 결코 실망스런 조합만은 아닐 것이다. 남성 특유의 지혜를 발휘하여 행운의 조합으로 완성해야 한다. 내로라하는 여성들 틈바구니 속에 멋모르고 뛰어든 미국과 캐나다 여행이 추억으로 빛나는 행운의 장이 될 수 있도록 말이다.

— 2017. 9. 29 캐나다 몬트리올 Holidayin 호텔에서

(영남문학 제29호, 2017. 겨울호)

톺아보기 3코스

대구 톺아보기

작년에 이어 올해도 대구에 산재한 역사적 자취들을 더듬는 톺아보기 행사가 오늘 진행된다. 대구문협 주관으로 총 6개 코스로 나눠지는데 나는 제3코스인 비슬산 지역을 택했다. 도동서원, 홍의장군 묘, 비슬산 자연휴양림 등 5곳을 찾게 된다. 참 뜻깊은 행사이다.

문협 자체 경비로 진행되는 행사를 위해 여러 회원이 광고 지원을 해준 덕분에 부담을 다소 덜 수 있다는 반가운 소식이다. 10월에는 참가자들을 대상으로 작품을 받아 대구 톺아보기 제2집을 낼 계획이라고 한다. 뜻깊은 행사 참여를 통해 작품도 쓰고 원고료도 받는 일거양득의 기회가 아닐 수 없다.

도동서원

조선 시대 유학자인 한훤당 김굉필 선생의 학문과 덕행을 기리고자 세운 서원으로 소수서원, 병산서원, 도산서원, 옥산서원과 함께 우리나라 5대 서원 중 하나이다. 이 서원은 선조 1년(1568)에 쌍계서원이란 이름으로 현풍 비슬산 기슭에 세워졌지만 임진왜란 때 불타버렸다.

그 뒤 선조37년(1604)에 보로동서원이란 이름으로 지금의 자리에 옮겨 다시 세웠으며, 광해군 2년(1610)에 '도동'이라는 사액을 받았다. 나는 어린 시절부터 서원 바로 앞 낙동강 건너 개진에 사는 고모 댁을 자주 들러 나룻배 타고 놀러간 곳이어서 감회가 남다른 곳이다. 다람쥐가 노닌다는 다람재를 도로 공사 때문에 오르지 못한 게 아쉬움으로 남는다.

홍의장군 묘

장군이 태어난 곳은 의령 외갓집이다. 삼성의 이병철 회장 생가와도 가까운 곳이다. 최근 그곳을 크게 복원하여 많은 사람들이 찾고 있다. 어제 두 생가를 둘러보고 오는 길에 구지에 있는 홍의장군 묘소를 찾았다. 예전에 두 차례나 갔지만 묘지를 찾지 못했는데 이번에는 묘지도 찾고 숨은 사연을 알았다. 원래 장군의 묘는 평장으로 작은 표지석이 전부여서 묘지를 알기 어려웠다고 한다.

후일 부임한 현풍현감이 실묘失墓가 염려되어 보일 듯 말 듯한 높이로 봉분을 만들었다고 한다. "예장(봉분)을 하지 마라. 왜란 때 선왕의 두 능이 무너지고 불탔으니 신하된 자가 어찌 봉분을 쌓겠는가? 내가 죽거든 구덩이에 묻기만 해라."는 유언을 따랐음이다. 요즘 자기가 죽은 후에도 호화 분묘를 만들어 부富를 과시하려는 고관대작들의 행태에 비추어 볼 때 우리가 본받아야 할 소중한 교훈이라 할 수 있겠다.

유치곤 장군 호국기념관

비슬산에 가면 유치곤 장군(1927~1965)을 만나볼 일이다. 자연휴양림, 대견사, 암괴석, 강우량 레이더 관측소는 알아도 유치곤 장군 호국기념관은 잘 모른다. 자연휴양림 대형주차장 1km 아래에 11년 전 호국기념관이 건립되었다. 유가면 쌍계리에서 태어나 39세 나이로 순직하기까지 줄곧 공군에 몸담아 공군 창설의 산 증인이요, 빨간마후라의 주인공으로 불린다. 전투기 조종사로 한국전쟁 때 큰 공을 세워 공군의 대명사로 추앙받는 위인이다.

대륜고와 공사를 나온 아들 유용석 소령도 공군조종사로 근무 중 제주 상공에서 순직, 그를 기리는 흉상과 추모비가 최근 아버지 비 옆에 세워졌다. 대구 톺아보기 3코스에서는 예정에 없던 이곳을 찾아 그들을 추모하였다.

3코스의 환희

여행 때면 염두에 두는 게 있다. 어느 곳에, 누구와 함께, 여행 중에 어떤 내용을 담느냐는 거다. 3요소가 잘 어우러지면 성공적인 여행으로 기억에 오래 남는다. 대구 톺아보기 3코스는 후

한 점수를 줘도 좋겠다는 생각이다. 비슬산과 대니산, 낙동강을 함께한 장소 선정, 홍의장군, 김굉필과 정구, 빨산 마우라 유치곤 장군을 만난 것만으로도 흡족하다.

더욱 중요한 것은 함께한 37명의 품격이다. 인간 국보급(?)이라 해도 손색없는 호화 멤버들이다. 빼어난 창, 하모니카 연주, 노래, 시 낭송 등으로 분위기를 한껏 고조시켜 주었다. 푸짐한 후식을 가져와 함께 나누고, 훌륭한 사진을 남겨주신 회원이 있어 너무도 행복하였다.

대구 톺아보기 결산

'대구 시민과 함께하는 대구 명소 톺아보기'라고 작명하니 대구시의 보조를 받는 것으로 오해할 가능성이 높다. 지난해에는 직장 일로 참여하지 못해 아쉬움이 컸다. 이번 참가로 알게 된 일이지만 순수 문인협회 자체 예산만으로 진행된다는 사실이다.

종전 문학기행이 대구 톺아보기로 전환된 것은 창의적 발상이다. 행사가 끝나자마자 집행부에서 발 빠르게 지출 경비 실태를 문인협회 카페 '공지'란에 일목요연하게 올린 것은 오해 불식을 위해서도 참 잘한 일이다. 지난해에 이어 뜻깊은 행사 진행을 위해 애쓴 집행부가 고맙다.

(대구 톺아보기 2호, 2016. 12. 27)

울릉도 애환

세상 살면서 이런 날도 오나 싶다. 넘어진 김에 쉬어간다는 말처럼 이왕 당한 일이니 걱정은 떨쳐버리고 속 편하게 지내다 가야겠다는 맘으로 스스로를 위로해 본다. 2박 3일 예정으로 나선 울릉도 여행길이 6일째 연장되고 있다. 입도하는 날부터 태풍 소문은 있었지만 워낙 먼 바다에서 발생한지라 우리에게는 크게 영향을 미치리라고는 생각지 못했다. 또 북상하다 보면 세력이 약화되거나 아니면 일본 쪽으로 방향 바꾸는 일이 잦아 내심 그런 기대도 없지 않았다.

울릉도 도착 후 이틀간은 그런대로 관광을 한 편이다. 여행사에 소속되지 않은 자유로운 몸이어서 관광버스와 시내버스를 번갈아 타며 가고 싶은 곳을 두루 찾아다닐 수 있었다. 성인봉 정상 등정을 염원하는 아내의 소망도 이참에 꼭 들어주고 싶었다. 하지만 날씨는 우리 편이 되지 못하고 멀리 떠나고 있었다.

결국 둘째 날부터 태풍 '고니'의 영향권에 들고 말았다. 모든 선박들을 어항으로 대피시키고 피해 방지를 위해 애쓰는 모습이 눈앞에서 전개된다. 여느 해 같으면 관광객들로 발 디딜 틈이 없던 D리조트의 객실도 텅 빈 채 을씨년스러움을 더해 준다. 태풍의 진로를 미리 알고 여행사에서 이들의 퇴로를 열어준 덕분으로 여겨진다.

비용이라도 줄이기 위해 숙소를 도동항이 내려다보이는 작은 곳으로 옮겼다. 파도가 거세지는 모습을 실시간으로 관찰할 수 있는 소규모 호텔이다. 발 디딜 틈 없이 북적대던 항구에는 사람 하나 얼씬거리지 않는다. 산더미같이 밀려와 부서지는 파도를 언제 한번 본 적이나 있었던가. 세찬 파도는 시간이 지날수록 강도를 더해간다.

태풍 '고니'는 섬사람들의 발을 꽁꽁 묶어 버렸다. 항구 주변을 떠도는 관광객들도 거의 사라졌다. 이를 어찌하면 좋단 말인가. 후회하기에는 너무 늦었다. 이왕 이렇게 된 김에 맘이라도 편히 가지자. 어쩔 도리 없는 천재지변이 아닌가. 순간적인 판단 잘못이 우리를 이토록 깊은 곤궁에 몰아넣고 말았다.

비바람이 조금 숙지는 틈을 타 갑갑증을 덜기 위해 숙소 밖으로 나섰다. 도동의 버스 정류장, 벌써 몇몇 관광객들이 갈 길을 찾느라 서성대고 있다. 작은 동네를 떠돌아다니다 보니 이젠 거의 낯이 익었다. 동병상련의 정이 이러하던가. 천부 방면에는 아직도 통행이 불가능하다. 파도가 도로를 강타하고, 산사태가 길을 막았다고 한다. 서면 북면 방면으로 이어지는 A코스는 통행이 불가하여 B코스인 저동과 내수전 전망대 쪽으로 방향을 돌릴 수밖에 없다.

궁리 끝에 도동서 별로 멀지 않는 저동행 버스에 올랐다. 가는 곳마다 비슷한 처지에 놓인 사람들과의 멋쩍은 조우가 계속 이어진다. 눈인사를 교환하며 서로의 처지를 위로한다. 도동의 구석구석을 휑하게 다닌 터라 이제는 저동의 이모저모를 살필 일만 남았다. 정자나무 아래 박정희 대장이 대통령이 되기 전 방문한 기념탑도 둘러보고, 이곳의 색다른 음식 맛도 보지만 시간은 더디게 흘러간다.

이런 악천후 속에서 관광객이 할 수 있는 일이 어떤 게 있을까. 낯선 골목길을 걸어도, 명승지라 이름 지어진 곳을 두루 둘러봐도 조금도 성에 차지 않는다. 태풍 경로를 미리 알고 현명하게 대처하지 못한 게 생각할수록 부끄러워진다. 직장에는 벌써 두 차례나 전화하여 출항이 지연되는 사실을 알렸다. 아무리 천재지변이라 하지만 현명하게 처신하지 못한 게 너무도 미안하다.

날이 밝으면서 작은 희망이 찾아왔다. 포항에서 출발하는 선플라워호 소식이다. 워낙 배가 큰지라 어쩌면 오후에는 들어올 수 있을 거라는 일말의 기대를 안겨 준다. 세월호의 영향 때문인지 지나칠 정도로 몸조심을 하는 것 같다. 출항이 임박한 낮 11시가 넘어 여부가 결정된다고 하니 그동안 미뤄두었던 성인봉 등정을 시도하였다.

성인봉을 오르는 가장 무난한 코스를 택했다. KBS 송신소에서 정상까지는 4.2km, 결코 호락호락한 길이 아니다. 산을 오르내리며 만나는 사람 역시도 전혀 낯설지가 않다. 제때 출항하지 못하고 헤매는 유랑인들이 어색한 미소를 교환한다. 재바르게 대처하지 못한 낙오자라도 된 듯 멋쩍은 표정들이나.

천 미터에 가까운 성인봉을 너무 얕잡아 본 게 아닌가 싶다. 피로에 지친 아내의 느린 보조에 맞추다 보니 정작 힘든 줄도 모르고 걸었다. 온갖 희열감이 전신을 감싼다. 태풍으로 찌든 마음이 조금씩 누그러진다. 이것 하나만으로도 울릉도 관광의 진수를 맛본 셈이 아닌가. 스스로를 위로한다. 남들에 항상 뒤처지기는 했어도 천신만고 끝에 오른 성인봉 등정은 울릉도 추억으로 오래 기억될 것 같다.

(월간 문학세계, 2017. 6월호)

목포의 눈물

톺아보기 문학기행을 그릴 때부터 떠나지 않는 생각이 있었다. 총 6개 코스 중에서 어디를 선택할까 고려할 때도 그런 의문은 사라지지 않았다. 아직도 목포에는 설운 눈물이 남아 있을까? 이난영이 부른 '목포의 눈물'도 있지만 세월호가 쏟아놓은 한스런 눈물도 볼 수 있을 거라는 막연한 생각이 꼬리를 물고 따라다녔다.

얼마 전 4차선으로 확장되면서 광주 대구의 앞 글자를 빌어 '광대 고속도로'라고 개명된 예전의 88고속도로는 주행 시간을 훨씬 앞당겨 주었다. '광대 도로'에 이어 광주에서 서해안 고속도로를 경유하여 다다른 목포는 전혀 낯선 곳은 아니다. 홍도 흑산도를 가면서 목포항을 지난 적이 있고, 또 현대자동차가 초청했던 남도 기행 때도 잠시 들른 적이 있다. 하지만 목포의 여러 곳을 속속들이 돌아볼 기회는 없었다. 멀리서 바라만 보았던 유달산도 이번에 꼭 찾아보고 싶었다.

제주도로 수학여행 가던 고등학생을 포함한 3백여 명이 희생

된 세월호의 아픔은 여전히 진행 중에 있었다. 선체는 3년여 바닷속에 잠겨있다 갖은 고생 끝에 목포 신항으로 옮겨져 실종된 9명의 흔적을 더듬고 있다. 목포가 다시 깊은 눈물에 잠긴 것이다. 전국에서 모여든 세월호 가족과 슬픔을 같이하는 사람들이 모여 속울음을 울고 있는 곳이다.

목포 시내 초입서부터 엄숙한 분위기가 풍겨 나온다. 세월호를 잊지 않겠다는 구호가 적힌 현수막이 곳곳에서 펄럭인다. 시민들의 옷깃에서도 아픈 흔적이 묻어난다. 택시의 뒷유리창에도 세월호를 상징하는 문양을 부착하고 다닌다. 관광버스를 타고 가면서도 나의 눈은 계속 세월호를 향하고 있다. 어디쯤에서 누워있을 세월호 선체를 발견할 수 있을 거라는 막연한 기대가 좀체 사라지지 않는다.

당초 계획된 목포 문학관을 둘러본 후 서둘러 유달산에 오른다. 모두가 한번 들르기를 원했다. 멀리서만 바라본 유달산에는 어떤 사연들이 담겨 있을까. 임진왜란 때 노적봉을 이용하여 왜군의 기세를 제압한 이순신 장군의 자취도 더듬어보고 싶었다. 버스에서 내리자마자 주변을 두리번거린다. 주차장 우측으로 노적봉 바위가 버티고 있고, 좌측으로는 긴 계단 위로 정자 두 개가 우뚝 서 있다. 오르는 길 우측에는 유달산 정기儒達山 精氣라 새겨진 바위석이, 좀 더 올라가면 이충무공 동상이 기품 있게 지키고 서 있다.

내 마음은 자꾸 엉뚱한 곳을 향한다. 228m의 그리 높지 않은 산이지만 이곳에 서면 목포 시내를 거의 조망할 수 있다. 오를 때부터 그런 생각이 떠나지 않았다. 어느 곳에선가 형체조차 희미한 세월호를 볼 수 있을 거라는 기대를 가졌다. 다른 사람들은 유달산 경치를 감상하느라 바쁜 순간에도 나는 계속 바다 쪽으로 눈이 돌아간다. 아무리 찾아도 보이지 않는 세월호, 힘겹게 누워있는 선체를 향해 위로의 기도라도 보내고 싶었다.

하는 수 없어 주변 분들에게 세월호 선체의 소재를 물어본다. 공교롭게도 대구서 온 관광객들이다. 다른 사람에게 물어봐도 객지 사람이라 모른다며 손사래를 친다. 이럴 때는 목포 현지인을 찾는 게 제일이다. 노란 조끼를 입고 쓰레기통을 비우는 한 아주머니에게 물어본다. 세월호가 유달산의 저쪽 편에 있기 때문에 여기서는 보이지 않고 정상의 정자에 오르면 볼 수 있단다. 시간이 없어 더 올라가지 못하고 돌아서는 마음이 무척 아쉬웠다.

목포는 지금도 심한 몸살을 앓고 있는 중이다. 남몰래 울고 있는지도 모른다. 이난영이 불러 '목포의 애국가'가 되었고, 이곳 출신의 대표 정치인이었던 김대중 대통령의 애창곡이기도 했다는 '목포의 눈물'과 그 속에 얽힌 사연을 통해 눈물의 원류源流를 찾아가 본다.

사공의 뱃노래 가물거리면
삼학도 파도 깊이 스며드는데
부두의 새악시 아롱 젖은 옷자락
이별의 눈물이냐 목포의 설움

삼백 년 원한 품은 노적봉 밑에
임 자취 완연하다 애달픈 정조
유달산 바람도 영산강을 안으니
임 그려 우는 마음 목포의 사랑

—「목포의 눈물」

작사자는 문일석, 작곡자는 손목인이다. 와세다 대학 출신의 20대 무명 시인이었던 문일석은 1935년 조선일보가 오케이 레코드와 함께 향토 신민요 노랫말을 공모하자 <목포의 사랑>이라는 제목으로 응모하여 1등에 당선되었다. 흥행의 귀재로 불렸던 오케이 레코드 사장 이철이 제목을 <목포의 눈물>로 바꾸고 작곡가 손목인이 곡을 입혀 대히트를 기록했다.

가수는 목포 출신의 신인으로 당시 나이 십대 후반이었던 이난영이다. 그녀 특유의 비음과 흐느끼는 듯한 창법에는 남도 판소리 가락과 같은 한이 스며들어 있다는 평이 있다. 결국 이 노래는 이난영의 대표곡이 되었고 이난영의 또 다른 노래 '목포는 항구다'와 함께 목포를 대표하는 향토색 짙은 곡으로 남았다.

노래의 가사와 곡조는 매우 애잔하여 목포항을 배경으로 이별의 끝없는 아픔과 서러움을 그리고 있다. 깊은 한과 울분이 숨겨진 <목포의 눈물>은 나라 잃은 슬픔을 달래주는 상징적인 곡이었기에 국민적인 인기를 얻을 수 있었다는 해석이 있다. 한국 가요사에서 '불후의 명작'이라는 찬사가 있을 만큼 오랫동안 사랑받았다.

이처럼 우리나라의 남쪽 항구 도시인 목포는 이난영의 노래 '목포의 눈물'이 채 마르기도 전에 세월호가 흘리는 '통한痛恨의 눈물'까지 겹쳐 영원히 눈물이 마르지 않는 애수哀愁의 도시로 오래 기억되게 되었다.

(2017 대구문인협회 『문학관 톺아보기』)

회자정리會者定離라지만

회자정리會者定離라고 하였던가. 우리는 일생 동안 얼마나 많은 사람을 만나고 또 헤어지는 일을 반복하며 살아가는지 모른다. 아무리 친한 사람도 때가 되면 헤어지는 것이 인생사이다. 만난 사람은 반드시 헤어지게 되는 삶의 이치를 모르는 바 아니지만 유독 기억에 남는 아쉬운 작별, 긴 여운이 남는 때가 있었다.

큰집이 있는 부산에서 고등학교를 다녔다. 영도 고갈산 중턱에 자리한 좁은 애옥살림 속에서 여러 식구들이 부대끼며 살았다. 이런 어려운 형편 때문일까. 한 학기가 끝나고 다가오는 방학을 기다리는 게 큰 낙이었다. 고향 친구들이 보고 싶었다. 시골에 가면 농사일도 거들지만 친구들과 어울려 노는 일이 더 즐거웠다. 산과 강을 찾아다니며 정신없이 방학을 보내고 다시 부산으로 돌아갈 때면 얼마나 허전하고 발길이 떨어지지 않던지 속으로 눈물을 흘렸다. 그런 후유증은 한 달 가량 지속된 걸로 기억된다.

대학생 때는 서클(동아리) 활동하느라 분주히 쏘다녔다. 전국 대학의 연합 단체여서 방방곡곡을 두루 돌아다녔다. 수백 명의 대학생들이 숙식을 함께하며 공동생활을 하다가 정작 헤어질 때는 왜 그리도 슬퍼지던지…. 전국 각지로 뿔뿔이 헤어지는 친구들 모습이 오래도록 눈에 아롱거렸다. 캠퍼스에 돌아와서도 그들 생각에 책이 손에 잘 잡히지 않았다. 그런 이별의 아쉬움이 초로의 나이에 접어든 요즘 다시 찾아올 줄이야.

제17회 수필의 날 기념행사가 대구에서 있다는 소식을 듣고서 맘이 설렜다. 긴 세월 직장에만 매달려 있다 보니 외부에서 열리는 행사에는 전혀 참석하지 못했다. 오래전 대구에서 개최한 수필의 날 행사에 동참한 기억이 있지만 지금과는 비교가 되지 않는다. 이번 행사에서 대구 시내의 주요 역사 유적지를 돌아보는 톺아보기의 가이드 역할을 맡게 되었다. 미력하나마 진행에 도움이 된다면 내 작은 힘이라도 보태고 싶었다.

문화예술회관에서 기념식이 끝난 후 저녁에는 김광석 거리를 돌아본다. 이어 팔공산 갓바위 입구 유스호스텔에서 숙박한다. 다음 날인 토요일엔 현풍곽씨 12정려각, 도동서원, 사문진 나루터를 돌아보기까지 전 과정을 그들과 함께 동행하게 된다. 책임감이 수반되는 일이지만 한편으로는 고맙기도 하였다. 주로 서울에서 오신 저명한 작가 선생님들에게 대구의 참 모습을 보여드릴 수 있다는 게 얼마나 다행한 일인가. 내가 담당한 3코스는 낯익은 곳이어서 자신감을 가지고 안내해 드리리라 맘을 다졌다.

서울서 내려온 관광버스 기사에게는 모두 생소한 지역이다.

내비게이션을 이용한다고 하더라도 충분한 예습을 거친 나보다 못하다는 사실을 나중에 알았다. 도동서원을 둘러본 후 기사는 들어왔던 구지 쪽이 아니라 반대 방향인 다람재로 차머리를 돌린다. 길이 좁아 버스 통행에 어려움이 있다는 사실을 진작 파악해둔 터이다. 문화해설사를 통해서도 재삼 확인해 두었기에 빠른 수정이 가능하였다. 하마터면 엉뚱한 길에 들어 낭패를 당할 뻔하였다.

버스를 타고 이동하는 동안이나 문화재를 돌아보는 틈틈이 전해드릴 멘트 선택에도 신중을 기한다. 내로라하는 유명 작가들의 눈높이에 맞춰야 한다. 대구의 위상에도 영향을 미치는 일이라 더욱 신경 쓰인다. 차창 밖으로 비치는 모습을 놓치지 않고 스케치한다. 줄곧 따라다니는 비슬산과 대니산에 얽힌 이야기나 현풍곽씨의 충절에 관한 사연도 맛깔나게 버무린다. 시간이 모자라 들르지 못하는 홍의장군 묘소에 얽힌 이야기도 조곤조곤 풀어 드렸다.

마지막으로 들린 사문진 나루터는 가장 사연이 많은 곳이다. 1901년 5월 낙동강 배편으로 이곳을 통해 한국 최초의 피아노가 들어왔고, 나무통 속에서 나오는 음악 소리에 놀라 '귀신통'이라고 불렀던 옛이야기도 들려준다. 그걸 기념하여 달성군은 매년 100대의 피아노 연주를 사문진에서 성황리에 개최하고 있다. 주말이어서 관광객들로 많이 붐빈다. 평상에 둘러앉아 점심 식사를 한다. 삼십 명이 넘는 회원들이 함께 둘러앉아 식사할 수 있다면 좋으련만 사정이 여의치 않아 아쉬움이 일었다.

헤어지는 시간이 가까워질수록 섭섭함이 몰려온다. 광주로 가실 네 분과 내가 내리면 버스는 줄곧 서울을 향해 달릴 것이다. 화원 IC로 가는 길목에서 내렸다. 나이 들어서도 이런 이별의 감정이 남아 있다는 게 신기하다. 인생사란 만나고 헤어짐의 연속인데도 나는 어찌 여기서 허우적대고 있는 것일까. 얼마 후 서울에 도착한 선생님으로부터 귀한 메시지가 도착하였다. 너무도 감사하고 감동적인 글이어서 쑥스러움을 무릅쓰고 이곳에 소개함을 이해 바란다.

"성○○ 이사님, 감사합니다. 성심성의껏 우리들을 위하여 안내하여 주시고 하나라도 더 알려주시려고 애쓰신 마음 너무나도 고마웠습니다. 저뿐 아니라 모든 분들이 그렇게 생각했을 것입니다. 다음에 다시 만날 수 있기를 바랍니다. 김○○ 드림"

"이제 서울 도착하여 막 귀가하였습니다. 성 이사님의 안내와 도움으로 이번 일정이 유익하고 즐거웠습니다. 여행사 전문 가이드보다 설명과 안내를 더 잘해주셔서 큰 도움이 되고 대구문협과 대구가 좋아졌습니다. 다시 만날 수 있기를 빕니다. 최○○ 드림"

(제17회 수필의 날 기념 『밖에서 본 대구』, 2017. 10.)

양자강에서 힐링하다

S형님, 이런 호사가 언제 있었나 싶습니다. 저는 지금 중국 양자강에 정박하고 있는 크루즈 선박에서 이 글을 쓰고 있습니다. 아내와 짬을 내어 큰맘 먹고 5일간의 중국 여행을 갖게 되었습니다. 때가 때인지라 사드 문제로 한・중 관계가 미묘한 가운데서 반한 감정이 일고 있는 중국을 찾은 게 무리라는 생각도 없지 않았습니다.

주변 사람들이 우려의 시선을 보냈지만 중도에 취소하지 않고 여행에 참여한 게 잘한 일이라는 생각이 듭니다. 상식이 통하지 않는 망나니에게 똑같은 태도로 대하면 그들과 비슷한 사람이 되고 만다는 이치와 같다고나 할까요. 짧은 기간 동안 바라보는 중국은 모든 것이 거대하기만 합니다. 대륙이 그러하고, 우리가 머물면서 숙식을 하는 크루즈 선의 웅장함도 그러합니다. 양자강은 강이 아니라 거대한 바다로 착각할 정도입니다. 이런 광활한 곳에 사는 국민이 상식에도 맞지 않는 편협된 억지 논리를 갖다 대며 무역 보복까지 서슴지 않는 것은 너무도 치졸한 짓이 아닐 수 없습니다.

예로부터 인걸은 산수에서 바탕한다고 하였습니다. 산과 물이 우리에게 주는 영향이 그만큼 크다고 봐야겠지요. 김구 선생이 독립운동을 하였던 중경의 대한민국 임시정부 청사가 그러하고, 양자강에 바탕한 여러 지도자, 삼국지의 무대 모두가 그런 산수에서 비롯되었다고 여겨집니다. 사상이 건전하고 도량이 넓어짐은 그냥 오는 게 아니라 넓은 땅과 강이 가져다주는지도 모르겠습니다.

S형님, 우리는 이곳에 와서부터 말과 행동을 크게 조심하고 있습니다. 자칫 서로의 감정을 상하게 했다가는 의외의 일을 당할 수도 있기 때문입니다. 조선족 가이드에게 분위기를 띄웠더니 질색을 하면서 "순수한 여행길, 좋은 분위기 속에서 민감한 정치 문제는 얘기하지 맙시다."며 양해를 구합니다. 맞는 말이 아닐 수 없습니다. 개인 간의 문제가 아니라 나라와 나라 간의 문제이니 자칫 잘못하면 예상치 못한 큰 문제로 비화될 수 있다는 데 모두가 공감하는 분위기였습니다. 대구 근교의 낙동강만 주로 보아오다 밤낮으로 생활하는 양자강과 대형 크루즈는 전혀 다른 이미지로 다가옵니다.

양자강의 길이가 무려 6,393km라고 합니다. 나일강, 아마존강에 이은 세계 제3위의 긴 강이어선지 이곳 사람들은 양자강이란 이름 대신 장강長江이라고 부르고 있습니다. 그들의 자존심이 가득 담긴 이름입니다. 상류 지역은 주로 산이지만 중류 하류로 내려갈수록 대평야를 이루고 있습니다. 예로부터 큰 강 유역은 토지가 기름지고 교통이 발달하여 경제적으로도 많은 혜택을 안겨 주기도 하였습니다. 중국인의 약 60%가 양자강 유역의 영향을 받고 있다니 놀랍습니다. 그래서 양자강을 모친아母親兒라 부르기도 한답니다. 양자강 위로 끊임없이 항해하는 화물선과 거대한 유람선을 바라보면서 강의 의미를 생각해 봅니다. 바다에 못지 않는 물류의 수단이 되고 있는 사실에 새삼 놀라게 됩니다.

S형님, 북경 상해 천진에 이어 중국의 네 번째 직할시라는 중경은 인구가 4천만이라고 합니다. 일개 직할시 인구가 이토록 많다는 게 놀라울 따름입니다. 이곳에서 강을 따라 내려오면서 크루즈 여행은 시작됩니다. 지금 제가 타고 있는 배는 총 6층으로 1만2천 톤에 이릅니다. 강 위에 떠 있는 호텔과 다름이 없습니다. 승무원 150명, 관광객 400명이 아무런 불편 없이 생활할 수 있는 시설이 완비되어 있습니다. 대형 식당은 물론 강당, 풀장, 헬스장, 영화관도 마련되어 있습니다. 어느 하나 부족함이 없는 힐링의 최적 공간입니다. 역사적인 명소에 들를 때는 반드시 정박할 수 있는 시설이 마련되어 있습니다. 수심이 최저 40m, 최고 140m에 이르니 아무 데서나 정박할 수는 없겠지요. 바다의 배가 머무는 항구를 연상케 합니다. 정박지에는 보통 대여섯 대의 크루즈가 한꺼번에 몰려듭니다. 정박의 편의성과 관광의 효율성을 도모하기 위한 그들의 아이디어인 것으로 여겨집니다.

S형님, 이렇게 좋은 환경 속에서 먹고 자면서 맘껏 관광할 수 있는 중국인의 창의가 무척 놀랍습니다. 우리보다 상술에는 훨씬 빼어나다는 느낌이 듭니다. 양자강의 위용에 걸맞게 완공된

삼협댐은 고생한 만큼 효자 노릇을 톡톡히 하고 있습니다. 댐 길이 2,309m, 높이 185m로 강 상류 지역의 맨 끝에 자리하고 있습니다. 홍수를 방지하기 위한 목적으로 조성된 삼협댐은 1994년에 물막이 공사가 시작되어 1998년부터 댐을 쌓아 2003년에 완공되었다고 합니다.

2009년부터 수력 발전이 시작되어 중국인의 1/6이 혜택을 받고 있다고 하니 놀라울 따름입니다. 댐 옆으로는 1만5천 톤의 배가 지나다닐 수 있도록 갑문이 만들어져 있어 왕래가 자유롭게 이뤄집니다. 담수량 기준으로는 세계 제일이라고 합니다. 한국에서 가장 큰 소양강 댐보다 13배나 크다고 하니 그 규모가 상상이나 되는지요. 최근에는 북경에까지 식수 공급을 위해 2,300km 관을 묻었다고 하니 그들의 종착점이 어딘지 가름하기가 어렵습니다.

S형님, 이처럼 편안한 여행은 처음입니다. 배 위에서 삼협의 경치를 감상하고, 때가 되면 떠다니는 배 위에서 식사하고 잠자는 이런 호강이 어디 있단 말입니까. 장거리 이동은 주로 밤에 이루어지기에 지루하기는커녕 인지하기조차 힘이 듭니다. 중경에서 삼협댐이 있는 의창까지는 대략 670km라고 합니다. 이 먼 곳을 크루즈에 몸을 싣고 떠다니면서 강안의 명승지 관광은 물론 선내 강당에서 삼국지 강의까지 들을 수 있는 뜻깊은 나날이었습니다.

미묘한 시기에 찾은 중국을 더욱 이해하기 위해 분주하게 움직인 닷새였습니다. 넓은 대지처럼 대국다운 기질을 보여주면 얼마나 좋을까 하는 마음이 떠나질 않습니다. 사는 땅이 아무리 넓고 부유하더라도 마음과 행동이 따라가지 못하면 존경받기는 어렵습니다. 그런 면에서 살펴본 중국은 실망스럽기 그지없습니다. 양자강을 중심으로 한 5일간의 여행에서 그들의 실체를 조금이나마 엿볼 수 있었다는 게 수확이라면 수확일까요. 귀국하여 인사드리겠습니다.

안녕히 계십시오.

— 2017. 3. 21. 중국 양자강 크루즈 선상에서

(한국예인문학, 2018년 제6호)

6부

언론이 바라본 나와 가족

"아내는 남편 하기 나름이죠" (대구일보)

"짧은 문구로 깊은 감동 전해요" (조선일보)

서로 나란히 '살며 위하며' (영남일보)

아내 행복지수는 남편 하기 나름 (매일신문)

"좋은 표어 한 줄 백 마디 글 안 부럽죠" (매일신문)

"43년간 새벽 4시 기상, 남들보다 하루 3시간 더 살죠" (매일신문)

"인생의 모든 것은 새벽에게서 배웠지요" (월간 마음수련)

올곧은 길 고집해온 삶 고스란히 녹아 (푸른신문)

"아내는 남편 하기 나름이죠"

— 지역 첫 '평등부부' 성병조 · 송옥순 씨

(대구일보, 1997. 7. 7.)

성병조(46, 아진제지 상무이사, 대구시 수성구 범물동 청구타운) 송옥순(43, 왜관초등학교 교사) 씨 부부는 지난달 지역에서는 처음으로 실시한 평등부부로 뽑혔다.

불혹을 넘긴 중년의 부부가 가꾸는 평등한 부부의 모습이란 요즘 젊은 사람들의 그것과는 또 다른 의미를 지닌다.

성 씨의 기상 시간은 새벽 4시, 일찍 일어난 딸아이(성은주, 16, 범물여중 3)가 자전거를 타고 앞서가면 성씨는 그 뒤를 따라 조깅을 한다. 아침운동을 일찌감치 끝내고 돌아오면 아침 식사 준비, 부지런히 쌀을 씻고 아침을 차리고는 그때까지 자고 있는 아내와 아들(성상민, 17, 경북고 1)을 깨운다. 왜관까지 먼 길을 출퇴근해야 하는 아내가 먼저 나가고 나면 성 씨가 식탁을 대충 치우고 설거지를 하는 동안 두 아이는 각자의 도시락을 싸고 빨아둔 교복을 다려 입고 학교로 간다.

출근하는 아내의 구두를 닦아주는 것이나 세차를 해주는 것, 또 신문 읽을 시간이 없는 아내를 위해 조간신문을 읽고 주요기사를 스크랩해서 알려주는 정보전달의 의무도 성 씨의 중요한 아침 일과 중의 하나다.

그나마 요즘은 편하게 됐다. 세탁기도 있고 버튼만 누르면 밥이 되는 밥통도 있고 코를 쥐고 갈아야 하는 연탄불도 없어졌으니 성 씨로서는 한결 집안일 하기가 쉬워진 셈이다.

퇴근 후의 성 씨의 일과도 아침과 크게 다르지 않다. 일찍 집에 돌아오는 날이면 저녁을 지어먹고 학원이니 야간학습이니 해서 늦게 돌아오는 아이들을 마중 가야 한다. 야간대학을 다니는 아내의 귀가 시간은 밤 11시가 넘는다. 행여 어두운 지하주차장이 아내에게 위험스러울까 성씨는 미리 시간에 맞춰 아파트 앞을 서성거린다.

부인보다 더 부엌일을 잘하는 남편, 여자보다 더 잔소리가 심한 남자, 마흔이 넘은 나이에도 아내에게 꼬박꼬박 "…… 하셨어요?"라며 높임말을 쓰는 사람, 성 씨는 그런 남편이다.

부인 송 씨가 늦게나마 대학원에 들어가게 된 것도 사실은 성 씨 덕분이다. 공부를 더 하고 싶다는 마음만 있고 선뜻 용기가 나지 않던 송 씨에게 성 씨는 대학원의 원서를 받아다 주면서 공부를 하라고 권유했다. 두 사람이 나누어 하던 집안일의 대부분은 성 씨 몫으로 돌아갔고 바쁜 아내 대신 도서관에서 자료를 수집해주거나 리포트를 읽고 조언을 해주는 것도 성 씨가 도맡아 했다.

'남자는 여자 하기 나름'이라는 광고카피가 성 씨를 보면 '여자는 남자 하기 나름이에요'라고 바꿔 말해야 할 듯하다.

한 달에 버는 돈과 쓰는 돈이 별도 관리되는 각자의 이름으로 된 통장이 따로 있고 버는 것이나 쓰는 것에 서로 간섭을 하지 않고 의논해가며 가정경제를 이끌어가는 이들 부부는 사실 서로 얼마를 버는지 얼마를 쓰는지 시시콜콜 따지지 않는다.

재산권 분배에 있어서는 50점밖에 되지 않는다는 성 씨의 말도 살고 있는 아파트 명의가 자신의 이름으로 되어있는 까닭일 뿐이다.

그런 부모를 보고 자란 탓인지 두 아이들도 남녀의 성에 대한 편견이 없다. 시간이 나는 사람이면 누구나 개수통에 담긴 설거지를 하고 나가고 밥통에 쌀도 안쳐 놓아야 한다. 공부나 하라면서 아이들의 등을 떠미는 다른 부모들과는 다르다. 지식보다 더 중요한 것이 무엇인지를 아는 까닭이다.

"아내라기보다는 인생의 파트너로 생각한다."는 성 씨는 "두 아이들이 자라서 꾸미게 될 가정도 성적인 차별이나 편견 없는 참된 평등한 가정이길 바라는 마음에서 그 기준을 아이들에게 보여주고 싶을 뿐"이라고 겸손해한다. (이은경 기자)

(나의 아버지)

무언의 꾸중으로 잘못 깨우치신 분

시골에서 오신 아버지(성주근, 96년 작고)를 모시고 아들 상민과 함께 3대가 처음으로 목욕탕에 간 적이 있었다. 스무 마지기 넘는 논을 경작하면서 언제나 무거운 짐을 거뜬히 져 나르던 아버지의 그 넓던 등은 어느새 피부색이 검게 바래고 쪼글쪼글해져 있었다. 아버지의 등을 밀면서 나는 무척이나 마음이 아팠다. 내 아들에게 주는 정성의 반이라도 부모에게 돌리면서 살아야겠다고 속으로 생각했던 때가 1년여밖에 지나지 않았다. 그러나 아버지는 벌써 이 세상 사람이 아니고 나는 만시지탄에 잠겨있을 뿐이다.

어릴 때 아버지는 우리 형제들에게 한 번도 매를 든 적이 없었다. 아버지의 교육방식이라면 말없이 우리가 잘못을 깨닫게 하는 것이었다.

하루에도 몇 짐씩 나무와 소꼴을 베어오던 때, 나는 멋모르고 당산제를 지내는 나무를 땔감으로 베어온 적이 있었다. 당연히 도끼로 장작을 패야할 아버지가 내가 해온 나무를 손도 대지 않고 한쪽에 쌓아만 두셨다. 나중에 나는 그것이 함부로 손을 대면 해를 입을 수도 있는 당산나무라는 것을 알게 되었다.

다른 부모들 같으면 당장에 불호령이 떨어졌을 테지만 아버지는 아들의 잘못을 나무라지 않으셨다.

또 한번은 소꼴을 한답시고 독초를 베어온 적이 있었다. 저녁이면 낮 동안 베어온 풀로 쇠죽을 끓이는 아버지가 그날도 내가 애써 해온 소꼴에는 손도 대지 않고 펴서 말리시는 것이 아닌가. 잘못했으면 그 풀을 먹고 소가 큰일을 당할 수도 있었는데 아버지는 그 일 역시 나에게 한마디도 하지 않으셨다.

무언의 교육이 주는 힘을 나는 내 나이 열셋에 이미 깨달았던 셈이다. 시골에서 겨우 한글 정도나 깨친 부모님이었지만 나는 부모의 교육이란 지식의 많고 적음과는 전혀 상관없는 별개의 것이라는 것을 아버지로부터 배웠다.

정직하게 남에게 피해를 주지 말고 성실하게 살라고 이르신 아버지는 적어도 스스로의 삶만큼은 말씀대로 살다 가신 분이셨다. (성병조)

"짧은 문구로 깊은 감동 전해요"

— 교총표어 공모전 최우수작 성병조 씨

(조선일보, 2004. 4. 28)

지난 21일 한국교원단체총연합회가 주관한 '교육주간 표어' 공모전에 출품해 650대 1의 경쟁률을 뚫고 최우수작으로 당선되는 영예를 안은 성병조(52세, 회사원) 씨.

'보람으로 서는 교단, 사랑으로 크는 제자'가 바로 그의 작품이다. 이 표어는 오는 5월 15일, 스승의 날을 전후한 교육주간 동안 모든 초·중·고등학교로 보내져 사용하게 된다.

27일 오전에 만난 그는 "내가 만든 표어가 일선 학교 교실에 걸린다니 가슴이 설렌다."며 "무엇보다 학교 교육에 대한 나의 간절한 바람이 짧은 문장을 통해서나마 교사와 학생들에게 전해지면 좋겠다."고 말했다.

성 씨의 '작품'은 이것뿐만이 아니다. 대구 시민이라면 시청, 구청, 육교 등 곳곳에서 한 번쯤 보았을 '마음을 하나로, 대구를 세계로'라는 표어 또한 그의 머릿속에서 나왔다. 같은 해 부산에서 개최된 '아시아 경기대회 슬로건' 공모전 우수작품도 그의 것이다. 이외에도 관공서 행사 표어, 기업 신 제품명 등 크고 작은 공모전에서 수상작을 차지했다.

성 씨는 '평범한 사람'이라고 강조하지만 슬로건을 대하는 그의 태도는 남다르다. 그는 길을 갈 때도 그냥 지나치지 않는다.

그를 감동케 하는 표지판이나 간판이 있으면 수시로 연필을 꺼내 메모를 하고 기억해 둔나. 신문을 읽을 때도 마찬가지. 신문 내용보다는 제목을 눈여겨보고 다른 신문이 뽑은 제목과 비교를 해보기도 한다. '촌철살인寸鐵殺人'이라 생각되는 제목을 스크랩해 두는 것은 기본이다.

평범한 직장인인 그가 이렇게 '슬로건'과 특별한 인연을 맺은 것은 지난 81년, 입사한 지 3년 차 되던 해에 '새마을 운동' 표어 공모전에 출품, 1・2등을 석권한 것이 계기였다. 그 이후부터 짧고 감동 주는 '슬로건'을 만드는 매력에 푹 빠졌다.

앞으로도 계속해 좋은 작품을 출품해 볼 계획이라는 그는 "앞으로 표어 하나라도 무심코 지나치지 말고, '저것을 만든 사람은 어떤 의미와 마음가짐이었을까?'를 생각해 달라."고 말하며 활짝 웃었다. (신지은 기자)

조선일보 2004년 4월 28일 수요일

"짧은 문구로 깊은 감동 전해요"

교총표어 공모전 최우수작 성병조씨

지난 21일 한국교원단체총연합회가 주관한 '교육주간 표어' 공모전에 출품해, 650대1의 경쟁률을 뚫고 최우수작으로 당선되는 영예를 안은 성병조(52·회사원·대구 수성구 범물동·사진)씨.

'보람으로 서는 교단, 사랑으로 크는 제자'가 바로 그의 작품이다. 이 표어는 오는 5월 15일, 스승의 날을 전후한 교육주간 동안 모든 초·중·고등학교로 보내져 사용하게 된다.

27일 오전에 만난 그는 "내가 만든 표어가 일선 학교 교실에서 걸려진다니 가슴이 설렌다"며 "무엇보다 학교 교육에 대한 나의 간절한 바람이 짧은 문장을 통해서나마 교사와 학생들에게 전해지면 좋겠다"고 말했다.

성씨의 '작품'은 이것 뿐만이 아니다. 대구 시민이라면 시청, 구청, 육교 등 곳곳에서 한 번쯤 보았을 '마음을 하나로, 대구를 세계로'라는 표어 또한 그의 머리속에서 나왔다. 같은 해 부산에서 개최된 '아시아 경기대회 슬로건' 공모전 우수작품도 그의 것이다. 이외에도 관공서 행사 표어, 기업 신제품명 등 크고 작은 공모전에서 수상작을 차지했다.

성씨는 '평범한 사람'이라고 강조하지만 슬로건을 대하는 그의 태도는 남다르다. 그는 길을 갈 때도 그냥 지나치지 않는다. 그를 감동시키는 표지판이나 간판이 있으면 수시로 연필을 꺼내 메모를 하고 기억해 둔다.

신문을 읽을 때도 마찬가지. 신문 내용보다는 제목을 눈여겨 보고 다른 신문이 뽑은 제목과 비교를 해보기도 한다. '촌철살인(寸鐵殺人)'이라 생각되는 제목을 스크랩해 두는 것은 기본이다.

평범한 직장인인 그가 이렇게 '슬로건'과 특별한 인연을 맺은 것은 지난 81년, 입사한 지 3년차 되던 해에 '새마을 운동' 표어 공모전에 출품, 1·2등을 석권한 것이 계기였다. 그 이후부터 짧고 감동주는 '슬로건'을 만드는 매력에 푹 빠졌다.

앞으로도 계속해 좋은 작품을 출품해 볼 계획이라는 그는 "앞으로 표어 하나라도 무심코 지나치지 말고, '저것을 만든 사람은 어떤 의미와 마음가짐었을까?'를 생각해 달라"고 말하며 활짝 웃었다.

신지은기자 ifyouare@chosun.com

서로 나란히 '살며 위하며'

— 평등부부 실천하는 성병조 씨 부부

(영남일보, 2004.5.19.)

21일은 올해 처음 제정된 '부부의 날'. 기독교계 인사들이 주축을 이룬 '부부의 날 위원회'에서 낸 국가기념일 제정에 관한 청원이 지난해 말 국회 본회의에 통과되면서 법정 기념일로 제정됐다. 가정의 달인 5월에 가정의 중심 기둥인 부부가 서로 간의 애정을 구체적으로 표현하고 실천함으로써 건강한 부부 관계를 유지하자는 취지로 만들었다. 날짜는 '둘이 하나 된다'는 의미에서 21일로 정해졌다.

이날을 앞두고 성병조 씨(53, 코끼리식품 부장)·송옥순 씨(50, 명덕초등 교사) 부부는 감회가 새롭다. 97년 여성신문사에서 주최한 평등 부부 시상식에서 지역에서는 처음으로 수상의 영광을 안았다. 그 후 7년, 세상은 참 많이 변했다. 예전보다 여성의 사회 진출이 활발해지고 여성들의 지위도 많이 향상됐다. 물론 가정에서의 가사 분담도 상당히 진척됐다. 밥하고 청소하는 남편이 낯설지 않고 직장을 위해 일요일과 공휴일에도 출근하는 여성의 발걸음이 가벼워졌다. 이렇듯 부부 평등이 어느 정도 성과를 거둔 것 같지만 요즘 신문이나 TV를 보면 이혼이 사회 문제로 대두될 만큼 심각하다. 가정 해체라는 위기 속에 부부의 날 제정은 각별한 의미를 던져 준다.

"주부의 일만 도와준다고 가정의 평화가 오는 것은 아닙니다. 서로의 개성을 인정하고 인격을 존중해 줘야 하지요." 성 씨는 그 방법으로 세 가지 평등을 강조했다. 정신적, 육체적, 경제적 평등을 의미한다. "정신적으로 스트레스를 안 줘야 합니다. 서로 의견이 다를 때 자신만의 의견을 강요하지 말고 상대의 의견도 개성으로 여기고 인정해 줘야 합니다. 육체적인 것은 집안일을 돕는 것을 말합니다. 직장 여성은 물론 전업 주부들의 경우도 남편이 적극 도와야 합니다."

그는 집안일은 거의 남편이 도맡아 할 것을 강조했다. 성 씨는 요즘도 오전 4시만 되면 일어난다. 눈을 뜬 후 운동을 다녀오고 신문이나 책을 읽는다. 신문을 읽으면서 교사인 아내가 읽어야 할 교육 관련 기사나 굵직굵직한 기사들은 일일이 볼펜으로 체크해 준다. 그리고 밥을 안친다. 다 된 밥을 자신이 직접 차려 먹고 출근하면서 아내의 잠을 깨워준다. 50대의 경상도 남성들에게는 상상도 못 할 일일지 모른다. 성 씨는 이런 자상함 때문에 곱지 않은 눈길도 많이 받았다. 흔히 '남자 망신 다 시킨다'는 이야기다. 지금도 간혹 친한 친구들에게는 우스갯소리로 이런 말을 듣는다. 하지만 그는 이런 일을 한 번도 부끄러워해 본 일이 없다고 한다.

"저는 출근시간이 빠른데 아내는 늦습니다. 가냘픈 여자 몸으로 직장 생활하면서 새벽잠까지 설쳐 가며 밥까지 할 필요가 뭐 있습니까?" 꼭 남편이 밥을 해야 된다는 이야기가 아니라 시간 여유가 있으면 남편이든, 아내든 누구나 밥 짓고 청소도 할 수 있다는 이야기다. 물론 퇴근 후에도 아내가 늦으면 집안일을 자신과 아이들이 나눠 한다. 여담이라며 아내가 살림에 대한 감각을 잃어버릴까 아직 세탁기는 손을 대지 않는다고 말할 정도다.

이런 남편의 말에 아내 송 씨는 "요즘 젊은 사람은 그 정도는 기본"이라고 말하면서도 내심 흐뭇한 표정이다. "다른 남편에 비하면 자상한 편이죠. 10년 전 아이들 공부 때문에 한창 바쁠 때도 저한테 대학원에 들어가라고 했습니다. 자신이 집안일, 아이 돌보는 일을 맡아 하겠다는 것이지요." 남편의 외조 덕분에 송 씨는 교육대학원에서 미술 교육을 전공했고 지금은 미술 동호회 활동도 하고 있다. 이런 남편의 배려에 말은 않지만 때때로 많은 고마움을 느낀다고 귀띔한다.

성 씨는 마지막으로 경제적 평등을 강조했다. 서로 간의 돈 씀씀이를 투명하게 하자는 것이다. 성 씨 부부는 결혼 초부터 각자 쓸 수 있는 돈의 상한선을 정해 놓고 이 범위 안에서 쓸 때는 서로 간의 동의를 구하지 않아도 되지만 이를 넘을 때는 동의를 구해 쓰는 것을 실천하고 있다. 서로 돈 관계를 투명하게 하는 것이 싸움의 불씨를 키우지 않고 가정 경제를 좀더 규모있게 이끌어 갈 수 있다는 두 사람의 합의에서 나온 것이다.

성 씨 부부는 요즘 젊은 사람들은 부부간의 평등이 많이 이뤄져 기쁘다고 말한다. 부부의 날 제정은 물론 평등부부상 등도 다양한 곳에서 시상해 새로운 부부 관계 정립에 많은 도움을 주고 있다고 믿는다. 하지만 아직 아쉬운 점도 많다. 평등부부상을 여성 관련 단체에서 주는 곳이 많다 보니 이런 행사에 여성들만 참여하고 남성들은 찾아보기 힘들다는 것이다. 성 씨는 "부부간의 평등을 위해서는 여성들보다 남성들이 보고 배워야 한다."며 "좀 더 다양한 단체에서 이런 상을 주기를 바란다."고 덧붙였다.

성 씨 부부는 자신있게 말한다.

"과거처럼 아내가 남편을 존경하는 모습만으로는 부족합니다. 서로 존경해야죠. 이 모습을 아이들도 보고 그대로 자라니까요."

성 씨는 마지막으로 딸아이가 어버이날 아내에게 준 편지 구절을 이야기했다.

"어머니는 참 행복해요. 저도 나중에 크면 아버지같이 자상하고 아내를 사랑하는 사람과 결혼해 행복한 가정을 이루었으면 좋겠어요."

성병조·송옥순 씨 부부는 일요일만 되면 아파트 베란다에 가득한 화초를 함께 손질한다. 가급적 서로 간섭은 덜 하면서 같이 있는 시간은 최대한 대화를 많이 나눌 수 있도록 노력하는 것이다. 이것이 바로 서로를 이해하고 사랑할 수 있는 방법이라고 말한다. (김수영 기자)

아내 행복지수는 남편 하기 나름
— 부부평등주의 실천 성병조 씨

(매일신문, 2004.11.23.)

"요즘 결혼한 젊은 남자치고 밥하고 설거지, 청소 안 하는 사람이 어디 있습니까. 결혼해서 아내가 해주는 따끈한 밥 얻어먹는다고 생각하면 오산이지요."

지난 5월 결혼한 직장인 김태환(31, 대구시 대명동) 씨는 동료들을 만날 때마다 신세타령이 늘어진다. 밥하고 설거지하는 남자 신세가 말이 아니라고…. 가사 분담을 두고 한동안 아내와 신경전을 벌였던 김 씨는 이내 두 손을 들어버렸다고 한다.

맞벌이하는 처지에 옛날 아버지 세대처럼 '남자'랍시고 폼 잡고 앉아있을 수도 없는 노릇이기 때문이다. 하지만 이렇게 볼멘소리를 하는 젊은 남성들도 스스로 남녀평등주의자임을 자랑스레 내세우는 성병조(52, ㈜코끼리푸드 관리부장) 씨를 만난다면 할 말을 못 할 듯하다.

'아내를 하늘같이 섬기며 집안일을 가리지 않는 남자.' 여성신문사의 평등 부부상을 수상하기도 한 그는 '아내의 행복은 남편

하기 나름'이라고 뭇 남성들에게 얘기하기를 주저하지 않는다. 대구시 범물동 집에서 그와 아내 송옥순(49, 명덕초교 교사) 씨를 만났다. 큰 꾸밈없는 집 안에서 유독 벽에 걸린 그림들이 돋보였다.

"모두 아내가 그린 그림들입니다. 일요화가회에 소속돼 일요일마다 그림 그리러 열심히 나갔어요. 연합 전시회를 열기도 했습니다." 집 안에 들어서자마자 아내 자랑이 시작됐다.

"아내는 올해 대구로 들어오기 전까지 경산, 영천, 칠곡 등 경북에서 교사생활을 했습니다. 연년생인 두 아이를 키우면서 직장생활을 하는 것이 얼마나 힘들까 싶어 결혼할 때부터 아내를 적극 돕기로 마음을 먹었지요."

성 씨는 바쁜 와중에도 아내가 야간 공부를 하며 석사 학위를 따고 미술, 상담심리 공부 등도 할 수 있도록 '자급자족'을 원칙으로 삼아 생활했다고 한다. 부모나 아이나 먼저 집에 들어가는 사람이 밥하고 청소하는 일이 일상화돼 있다는 이야기다.

군 제대 후 서울에서 대학생활을 하고 있는 큰아들 상민(23), 미국에서 어학연수 중인 딸 은주(22) 남매를 모두 타지로 보내고 둘만의 시간을 보내고 있는 이들 부부의 생활은 요즘 어떨까.

새벽 4시. 성 씨가 일어나는 시간이다. 그는 아내가 깰까 봐 조심하면서 혼자 일어나 아침 운동을 하고 자신과 아내의 차 2대를 세차한다. 여성이 운전하는 차가 지저분하면 곤란하다는 생각에서다. 그리곤 집에 들어와 1시간 정도 신문을 본다. 6시가 되면 아침밥을 짓고 회사에 갈 준비를 한다. 그는 출근을 하면서 휴대전화로 아내를 깨운다. 아내가 일어나는 시간은 7시가 조금 지나서다.

"저는 밤 11시쯤 되면 자지만 아내는 자정이나 새벽 1시쯤 잡니다. 부부가 서로 스타일이 다를 수 있으니 인정할 건 인정해줘야지요." 저녁 설거지는 성 씨의 몫이다. 저녁 식사를 준비하는 아내가 하면 10분 이상 걸릴 것도 자신이 하면 1, 2분 만에 끝낼 수 있다고 말한다. 1주일에 한 번 하는 청소도 그의 차지다. 진공청소기를 돌릴 때 몸체를 들고 해야 손쉽다고 말하는 그는 걸레질을 할 땐 발로 밀어야 운동도 된다고 말한다.

"결혼할 때 세탁기는 아예 안 샀습니다. 세탁기를 구입하는데 돈도 들어가지만 빨래는 제가 책임지고 해주겠다는 생각에서였죠." 성 씨는 큰 대야에 세제를 풀어 발로 지근지근 밟아야 빨래 때가 잘 빠진다고 한다. 빨래하는 아버지를 보고 아이들도 맨발로 빨래하는 걸 많이 도왔단다. 지금은 세탁기로 빨지만 빨래를 널고 개는 것은 그가 한다.

"제가 빨래를 갠 것과 아내가 한 것은 금방 표가 납니다. 군대 시절 각을 잘 세우는 것이 몸에 배서요." 그는 일요일에 여유가 있을 때 아내 구두도 직접 닦는다. 아내가 사회생활을 하는 데 집안이나 밖에서 스트레스를 받지 않았으면 하는 마음에서 직접 찾아 할 수 있는 일을 도맡아 하는 셈이다.

이런 그를 보고 아내 송 씨는 "더 많이 하는 남편들도 많다."며 당연시한다. 약간은 무심한 듯한 아내가 "더 신나게 일할 수 있도록 칭찬을 듬뿍 해줬으면 하는 것."이 그의 바람이기도 하다. 결혼 초부터 서로 경칭을 쓰는 이 부부는 "남편이나 아내나 자신의 일에 몰두하면서 서로 이해하고 조력자가 되면 중년의 위기는 오지 않는다."고 말한다.

교사로 일하며 공부와 취미활동에 열심인 아내, 직장생활을 하며 지난해 수필가로 등단해 틈날 때마다 글을 쓰는 성 씨. 일요일이면 함께 산에 다니고 손을 꼭 잡고서 집 부근 공원을 산책하는 이들 부부는 "내년 결혼 25주년에는 금강산 여행을 다녀올 계획"이라며 "큰 욕심 안 부리고 평범하면서 아기자기하게 사는 게 행복이지 않겠느냐."며 웃음 짓는다.

50이 넘은 남자의 이런 얘기를 신문에 내도 괜찮겠느냐고 묻는 기자의 걱정스런(?) 질문에 성 씨는 "이미 주변 사람들이 다 아는 얘기"라며 개의치 않았다. 저녁 모임에 참석해 밤 10시가 넘은 시간에도 "남편 밥 챙겨줘야 한다."며 급하게 자리를 뜨는 주부들을 보면 "남편을 붙잡아 얘기 좀 해야겠다."고 말하는 그는 "아내의 행복지수는 남편에게 달렸다."며 "남자의 자세가 달라져야 사회의 근본인 가정의 뿌리도 튼튼해질 수 있다."고 강조한다. (김영수 기자)

"좋은 표어 한 줄 백 마디 글 안 부럽죠"

— '슬로건 5관왕' 수필가 성병조 씨

(매일신문, 2005. 11. 24)

사람과 세상

每日新聞 제1160호 2005. 11. 24. 목요일

"좋은 표어 한줄 백마디 글 안 부럽죠"

'슬로건 5관왕' 수필가 성병조씨

'마음을 하나로 대구를 세계로' 등

간판·신문 유심히 읽어 소재 발굴

'슬로건 5관왕'. 수필가 성병조 씨(53, 대구시 수성구 범물동)에게 최근 붙은 관사이다. 성 씨는 적게는 1천여 명에서 많게는 수십만 명이 참가하는 슬로건(표어) 공모에서 다섯 차례나 잇따라 당선작을 낸 슬로건과 표어 창작의 귀재이다.

그는 1980년대 초 종업원 1천 명이 넘는 대기업에 근무할 때 사내 표어 공모에서 1, 2등을 동시에 차지하며 일찍이 재능을 인정받았다. 그 후 2002년 부산 아시아 경기대회 슬로건 공모에서 우수상을 받았으며, 같은 해 말 대구시 시정 슬로건 공모에서 '마음을 하나로 대구를 세계로'라는 작품이 당선됐다.

이 슬로건은 현재 대구시내 각 관공서는 물론 거리의 조형물이나 주요 관문과 육교 등에 게시되어 있어 대구 시민이라면 누구나 쉽게 접할 수 있는 친근한 문구이다.

2004년 4월에는 한국 교원단체 총연합회가 시행한 제52회 교육주간 표어 공모에서 '보람으로 서는 교단 사랑으로 크는 제자'

를 출품해 최우수작의 영예를 안았다.

이 표어는 5월 15일 스승의 날을 전후한 교육주간(5.10-16)의 표어로 전국의 초·중·고에서 널리 사용된 적이 있다. 2005년 9월에는 대구시 축제 '컬러풀 대구 페스티벌'의 슬로건 공모에서 우수상을 받았다.

11월에는 대구대가 개교 50주년을 기념해 시행한 캐치프레이즈 공모에서 '사랑의 반세기 빛 되어 세계로'가 당선되어 행사 기간 중 대학의 각종 홍보 자료에 널리 사용되기도 했다.

성 씨가 '슬로건 5관왕'이 된 데는 그만한 노력도 뒤따랐다. 그는 사물이나 길거리의 간판 하나도 결코 소홀히 보지 않는다. 하루 4개의 일간지를 꼼꼼히 읽으며, 신문마다 독특한 제목 하나도 유심히 관찰하는 습관이 몸에 배었다.

책을 읽기 위해 일부러 버스를 타고 출퇴근한다는 그는 차 속에서 무심코 바깥 풍경을 보다가 영감이 떠오를 때도 있다고 한다. 독서칼럼과 신문 독자논단 투고 등 아마추어 칼럼니스트로 활동하고 있는 그는 1995년에 수필집 『촌티 못 벗는 남자』를 출간하기도 했다.

2003년 종합 문예지 ≪생각과 느낌≫ 신인상 수상으로 수필가로 등단한 그는 "잘 뽑은 신문 제목 한 줄이 오래도록 기억에 남듯이, 좋은 슬로건과 표어 한 줄이 세상을 바꾸기도 한다."고 강조했다. (조향래 기자)

"43년간 새벽 4시 기상, 남들보다 하루 3시간 더 살죠"

— 고령자 인재은행 성병조 소장

(매일신문, 2009. 5. 28)

성병조(57, 대구 달서구 상인동) 대구달서시니어클럽 고령자인재은행 소장의 기상 시간은 오전 4시. 43년간 변함이 없다. 심지어는 군대에서도 이 시간에 일어나 조깅을 했다. 그는 '일찍 일어나는 것을 통해 인생이 바뀌었다'고 새벽을 예찬한다.

그가 오전 4시에 일어나게 된 것은 중학교 시절로 거슬러 올라간다.

"학교까지 하루 통학 거리가 24㎞였어요. 자전거로 고된 통학을 하다 보니 집에 오자마자 쓰러지듯 잠들었죠. 이래선 공부가 안 되겠다 싶어 할머니께 교회 새벽 종소리가 울리는 4시에 깨워달라고 부탁했습니다."

그때부터 성 씨는 오전 4시만 되면 어김없이 일어나 운동을 했다. 그의 건강비법은 '잘 먹고 잘 자고 잘 싸기'. 중학교 2학년 때 체육 선생님이 "사람의 건강은 먹고, 자고, 싸는 것에 있다."고 말씀하셨다. 까까머리 중학생이던 그는 그 말을 마음속 깊이 새겼다. 그 말은 지금까지 그의 건강지침이 되고 있다.

그는 오전 4시에 일어나 물을 한 잔 마신 후 화장실로 향한다. 몸속 노폐물을 비워내는 것이다. 그 후 조깅과 맨손체조를 하고 신문을 꼼꼼하게 정독한다. '신문 마니아'인 그에게 이 시간은 더없이 소중한 시간이다.

아침마다 조깅을 하면서 그는 하루 일과를 계획하고 명상을 한다. 40여 년간 그의 눈에 비친 새벽 풍경도 많이 바뀌었다.

"30, 40년 전엔 도로에 차가 거의 없어 도로 위에서 많이 뛰었어요. 도로 위에 쓰러져 자고 있는 취객을 깨워 집으로 보내는 일이 다반사였죠. 요즘엔 새벽까지 놀고 있는 젊은 학생들에게 정중하게 조언하기도 해요. 뛰면서 사회현상을 관찰하는 것도 무척 재미있는 일입니다."

그의 사색의 깊이가 더해지면서 1995년 첫 수필집을 펴내고 2003년 수필가로 정식 등단했다.

생각하는 시간이 많으니 '부수입'도 많다. '마음을 하나로, 대구를 세계로'(대구시), '사랑의 반세기, 빛 되어 세계로'(대구대) 등의 슬로건도 그의 작품이다. 슬로건 공모 당선 상금은 얼마 되지 않지만 자부심 하나는 대단하다. 이 모든 것이 일찍 일어나기에 가능한 일이라고 믿고 있다.

"남들보다 3시간 더 사용할 수 있으니 바쁠 일이 없고 모든 것에서 여유로워요. 가장 중요한 것은 가정의 행복도 일찍 일어나기에 지킬 수 있다는 겁니다."

일찍 일어나는 그는 매일 아침 식사를 준비한다. 결혼 초 연탄불 갈기도 마찬가지. 아침마다 부인 송옥순(54) 씨의 차를 세차하는 것은 물론 구두도 닦아준다. '경상도 남자가 쪽팔리지 않느냐'고들 하지만 그는 그 말에 절대 동의할 수 없다.

"여자도 능력 있으면 남자가 외조를 해줘야죠. 폼은 좋은데 차와 구두가 지저분하면 안 되잖아요. 제가 앞장서서 집안일을 도와주니 가정의 평화는 저절로 따라옵니다."

'여자의 표정은 100% 남편에게 달려 있다'고 힘주어 강조하는 그는 1998년 여성신문사가 주관하는 평등부부상을 받기도 했다.

몇 년 전부터는 승용차를 두고 버스로 출퇴근한다. 버스에서 책을 읽을 수 있어 더없이 행복하다.

주말에는 테니스에 몰두하고 한 달에 한 번 등산도 즐긴다. 테니스 구력 35년인 그는 173cm, 81kg의 단단한 근육질의 몸을 유지하고 있다. 술과 담배는 하지 않는다. 덕분에 실제 나이보다 열 살쯤 어리게 보는 사람도 많다.

"자식들에게 크게 물려줄 건 없지만 떳떳하게 살았어요. 자식들도 이런 저를 자랑스럽게 생각하고요. 지금 이 습관을 쭉 유지한다면 건강하고 행복한 노후가 따라올 거라 믿습니다."

새벽이 그에게 준 선물이다. (최세정 기자)

“인생의 모든 것은 새벽에게서 배웠지요”

— 43년간 새벽을 열어온 새벽 지킴이 성병조 씨의 새벽 예찬

(월간 마음수련, 2010년 1월호 특집)

성병조(57) 씨의 하루는 새벽 4시에 시작한다. 대구 고령자 인재은행 소장으로 근무하며 수필가로도 활동하는 그의 새벽 삶은 중학교 2학년 때부터 43년간 이어온 생활습관이다. 그의 새벽은 단순한 습관을 넘어 인생철학으로 자리 잡았다.

새벽에 대해서라면 할 말이 아주 많은 그는 겨울에도 감기 한 번 안 걸리는 튼튼한 체력과 늘 자신을 돌아보는 마음 자세, 가정의 행복과 같은 삶의 모든 것들이 새벽의 삶에서 비롯되었다고 한다. ‘나에게서 새벽을 빼면 아무것도 없다’고 말하는 ‘새벽 전도사’ 성병조 씨의 새벽 이야기. (취재 · 사진 정하나)

새벽 별, 얼마나 예쁜지 기억하세요?

“새벽 운동을 나가면 제일 먼저 하늘을 올려다봅니다. 별이 그렇게 아름다울 수가 없어요. 도심에서 새벽 별을 볼 수 있는 사람은 얼마 없을 겁니다. 그렇게 매일같이 뛰면서 하루를 구상하고 소망을 가집니다. 새벽은 온전하게 자기 것이 될 수 있잖아

요." 새벽이 엄청난 선물을 가져다준다는 성병조 씨. 만인이 가질 수 있는 복이라도 자신의 것으로 받아들이는 사람만이 가질 수 있듯이, 새벽도 그러하단다.

'새벽의 삶은 가정에 행복을 가져온다'는 자신의 지론을 삶을 통해 입증했다. 하지만 가족들에게 새벽 기상을 강요해본 적이 단 한 번도 없다.

오히려 그는 새벽 시간을 이용해 가족들을 위해서 할 수 있는 일들을 한다. 자신만의 시간이 아닌, 가족을 위한 새벽인 것이다.

운동하러 나갈 때는 꼭 재활용 쓰레기를 가지고 나간다. 돌아와서는 아내의 차를 세차해놓고, 아침밥을 준비한다. 그리고 아내가 직장에서 마실 수 있도록 차를 끓여 보온병에 넣어놓은 후 가족을 깨워서 아침 식사를 한다. 연탄을 때던 시절에는 새벽에 일어나 연탄을 갈고 재를 버리는 것까지도 그의 몫이었다. 그렇게 가족을 모시고 섬기니 가정의 평화는 저절로 찾아왔다.

그는 아내와 결혼할 때부터, 서로 존경하며 살기 위해 존칭을 쓰고 처가댁도 잘 챙기는 것을 원칙으로 삼았다 한다. 교사로 근무하는 아내가 방학 때 여행을 갈 때도, 대학원에서 공부를 할 때도, 그는 집안일을 도맡아 하며 적극적으로 밀어주었다.

자녀들도 아버지를 본받아 먼저 귀가한 사람이 식사 준비와 청소하는 것을 당연하게 여긴다. 1997년엔 평등부부상을 받기도 했다. "설거지나 빨래, 쓰레기 버리는 일은 힘이 좋은 남자가 잘하잖아요. 또 존중받고 사랑받는 아내는 밖에서도 자신감 있고 떳떳해요. 아내의 차와 구두를 닦아주는 것도 정성이 없으면 이게 안 돼요. 아내에 대한 감사함과 사랑 없이, 일이라고 생각하면 못 할 거예요."

그는 집에서도 직장에서도 '바쁘다'라는 말을 거의 하지 않는다. 서두를 필요가 없기 때문이다. 회사 출근할 때도, 약속 시간에도 일찍 가서 사람들을 맞는다. 자연히 주변 사람들의 인정이 뒤따랐다. 새벽에 일어나서 조용히 자신을 돌아보면서 글을 써온 덕분에 필력도 늘었고, 글재주를 알아주는 사람들이 생겨 1995년에는 수필집도 내게 되었다. 2003년에는 수필가로 등단도 했다.

중학생 소년의 눈물겨운 결심

43년 전, 그가 처음으로 새벽에 기상하리라 마음먹은 때는 중학교 2학년 때였다. 사춘기 시절, 새벽잠의 유혹을 떨쳐버릴 만큼 큰 시련이 계기가 되었다. 같은 반에 큰 덩치만 믿고 학급 아이들을 괴롭히는 친구가 있었다.

기회가 되면 한번 혼내주리라 생각하던 어느 날, 청소 시간에 시비가 붙어 싸움을 한 것이 화근이었다. 막대로 친구를 내리친다는 것이 그만 크게 다치는 사고가 된 것이다. 그는 정학 처분을 받았지만 친구의 부모는 법적 소송까지 냈고, 집달리들이 들이닥쳐 가구는 물론 집 기둥, 심지어 쇠뿔에까지 차압 딱지를 붙였다.

만 14세가 안 된 그에게 처벌이 가해지지는 않았지만, 부모가 모든 책임을 져야 했다. 소송 끝에 결국 승소를 하였지만, 시달리는 부모님의 모습을 보는 것은 너무나 괴로운 일이었다. 학교에 가지 못하는 일 년간 그는 부모님을 위해서 할 수 있는 일이라면 무엇이든지 해야겠다고 마음먹었다.

소달구지 끌기, 밭매고 고랑 치기, 땔감 해오기…. 어찌나 열심히 했던지 하루에 한 짐도 져오기 힘든 일을 두 짐씩이나 해오는 그를 보고는 마을 어른들도 다 놀랄 정도였다. 교복을 입은 학생들이 너무나 부러웠던 그는 밤에는 친구의 노트를 빌려 베껴가며 공부를 했다.

일 년 후 다시 학교에 가게 되었을 때 그는 자신과 두 가지 약속을 했다. 근면하게, 반성하며 열심히 살리라는 것과 어떤 일이 있어도 주먹으로 문제를 해결하지 않겠다는 것을 다짐하고 다짐했다. 그 후 30리 거리를 자전거로 통학했고, 게을러질 때면 그 때의 사건을 떠올리며 자신을 일으켜 세웠다.

"그때 인생관이 정립된 겁니다. 그 후 어려움이 있을 때마다 그때의 일을 반추했어요. 어떤 어려움이 있더라도 극복한다, 그렇게 결심했지요. 사고를 당한 친구에게도 마음의 짐을 가졌지요. 평생 누구도 어떤 상황에서도 때리지 않는다는 나 자신과의 약속을 지켜왔어요."

또 하나, 그에게 큰 배움을 준 것은 집안 어른들이 보여준 새벽의 삶이었다. 창녕의 외곽에 자리한 산골 마을, 봉창 너머는 아직 어둠인데도 할머니는 쇠죽을 끓이고, 어머니는 아침 준비를 하시고, 아버지는 벌써 거름을 지고 들녘에 나가셨다. 특히 그가 할머니와 한방에서 지낼 수 있었던 것은 큰 복이었다. 할머니는 학교 교육을 받지 못하셨어도 총명하고 지혜로운 분이었다.

새벽일 나가며 문안드리는 아버지, 칭찬해 주시던 할머니

할머니는 어찌나 검약하셨던지 콩 타작을 하면 떨어진 콩을 다 주우셨고 손자가 보리 이삭을 주워오면 방망이로 두드려 시장에 내다 파시곤 했다.

손자를 끔찍이도 아껴주셨던 할머니는 꼬깃꼬깃 쌈짓돈을 건네주곤 하셨다. 그리고는 종종 '돈 버는 모퉁이는 죽을 모퉁이다' '욕하면서 닮는다'와 같은 말들로, 남의 돈 버는 데 고생한다고 생각하지 말고 기꺼이 하라, 자기를 돌아보면서 좋은 것만 이야기하라는 가르침들을 주셨다.

그런 할머니를 그는 지극히 모셨다. 밤에 이웃집으로 마실 갔다 돌아오실 때쯤이면 어두운 시골 길로 등불을 가지고 모시러 가곤 했다.

"항상 장점을 찾아 칭찬을 하셨던 것이 특히 기억에 남아요. 새벽녘, 아버지는 할머니에게 '오늘은 뒷골 밭고랑을 타고 거름을 낸 후 보리씨를 뿌릴랍니다.' 하며 매일 그날의 일정을 말씀드렸어요. 돌아와서도 한 일을 보고 드렸고요. 그러면 할머니는 '참, 일 많이 했네.' 하며 칭찬을 아끼지 않으셨는데, 어른한테도 그렇게 칭찬을 해주시는 모습을 보면서 어린 마음에도 감동을 했어요. 나도 크면 그렇게 해야지 생각했지요."

아버지의 영향도 컸단다. 중학교 때 그렇게 큰 사고를 쳤을 때도 그의 부친은 말없이 그냥 보실 뿐이었다 한다. 정직과 성실로 일관하셨던 부친은 늘 묵묵히 행동으로 보여주신 분이었다.

좋은 나무라고 생각하고 죽은 당산나무를 베어왔을 때, 소꼴인 줄 알고 독초를 베어왔을 때도 아버지는 큰소리 한 번 내지 않으셨단다. 그러다 보면 이내 자신의 잘못을 스스로 깨우치곤 했단다. 마을에서 그의 집만큼 부지런한 집이 없었다. 여섯 남매 모두 그 어려운 농촌 살림 속에서도 모두 고등교육을 받고 자리를 잡을 수 있었던 것은 자애로웠던 할머니와 부모님의 노력 덕분이었다.

"부지런한 집은 소가 항상 살이 쪄 있어요. 우리 집은 소도 돼지도 다 잘되는 겁니다. 새벽부터 워낙 부지런하게 잘 챙겨 먹이니까요. 가축도 사랑과 정성을 금방 알아요. 새벽이란 그렇게 근면함과 정성의 상징이라 할 수 있지요."

그의 마음속에는 어린 시절 고향의 새벽이 그리움으로 남아 있다. 40년 넘는 세월을 지나는 동안 새벽 풍경도 많이 달라졌다. 때로는 40년 전, 사립문 밖을 나설 때 보았던 눈부시게 밝은 별과 은하수를 다시금 만나보고 싶을 때가 있다는 그이다.

자신과의 약속을 지켰다는 게 용기를 줍니다

하지만 예나 지금이나 한 가지 공통점은 있단다. 열심히 살아가는 사람들이 새벽을 연다는 것. 환경미화원, 우유, 신문을 배달하는 사람들, 장사 나가시는 분들, 새벽 기도하는 사람들, 새벽에 첫차를 기다리는 사람들….

"그런 분들 보면서 묵묵하게 일하게 되지요. 근면, 희망, 용기

이런 가치들은 모두 새벽이 주는 것 같아요. 새벽에 일어나는 사람치고 게으른 사람 없고, 별을 보며 하루를 시작하는 사람이 불건전할 수가 없지요."

그의 새벽 예찬론을 듣노라면 많은 사람들이 새벽 기상을 계획하게 된단다. 하지만 꾸준히 지속시키기 위해서는 스스로 확고한 계기가 필요하다는 것이 그의 지론이다.

"새벽에 꾸준히 일어난다는 게 결코 호락호락한 일은 아닙니다. 스스로 끊임없이 다짐을 해야 가능하거든요. 건강의 이유든 지난 생활의 반성이든 절실한 동기가 있어야 해요. 자기 의지를 주변에 많이 알릴 필요도 있습니다. 그 약속을 이행하기 위해서라도 한번 해보게 되는 거예요."

많은 사람들이 잃어버리고 사는 새벽. 그는 새벽과 마주 앉아 써 내려간 성찰과 일깨움의 글들로 이웃에게 도움이 되고 싶다고 한다. 그가 그의 부모님으로부터 물려받은 가장 값진 유산이 바로 새벽 삶, 새벽 같은 마음이었듯이, 이제 성인이 된 그의 자녀들에게도 아버지의 새벽이 가져다준 가정의 행복은 무엇보다 소중한 유산이 된 것이다.

"삶의 가치는 스스로 만들어가는 거고 그중에서 저는 새벽을 선택한 사람이지요. 사십여 년간 새벽에 일어나겠다는 저와의 약속을 지켜왔다는 것이 제 자신에게 용기를 줍니다. 자랑스럽기도 하구요. 새벽은 저에겐 일종의 삶의 기둥이었어요. 이제는 만인이 저의 새벽 기상을 알고 있으니 게으름을 필 수도 없구요. 하하." (정하나 기자)

올곧은 길 고집해온 삶 고스란히 녹아

–『봉창이 있는 집』 펴낸 수필가 성병조 씨

(푸른신문, 2012. 3. 8)

수필가 성병조(60, 대구수필가협회 부회장) 씨가 수필집『봉창이 있는 집』을 펴냈다. 지난 1995년『촌티 못 벗는 남자』를 발표한 이후 17년 만에 세상에 내놓은 두 번째 수필집이다. 이 책은 그가 2002년경부터 최근까지 조선일보와 매일신문 등에 기고한 작품과 문예지에 발표했던 것을 책으로 묶은 것으로, 총 63편이 실려 있다. 성병조 씨는 "이번 책은 '되돌아보는 나의 삶'이라고 할 만큼 내가 살아온 이야기를 솔직하게 썼다. 이 책을 읽어 보면 인간 성병조에 대해 잘 알 수 있을 것이다."고 말한다.

새벽 찬가, 군 시절 에피소드 등 흥미로워

'봉창이 있는 집'에서는 성병조 씨가 살아온 발자취는 물론 삶에 대한 사랑과 군에 대한 남다른 관심과 애정, 농촌에서 경험한 질곡의 삶, 가족과 주변인에 대한 사랑과 소소한 관심 등이 고스란히 담겨있다.

특히 새벽에 대한 그의 사랑이 눈길을 끈다. 그는 중학교 2학년 때부터 반세기 가까운 세월 동안 새벽 4시에 일어난다. 아침마다 조깅을 하면서 그는 하루 일과를 계획하고 명상을 한다. 뛰면서 사색하고 사회현상을 관찰하기도 한다. 몇 차례의 마라톤대회 우승경력이나 서울 올림픽이 끝난 후 만 5년 동안 출근길에 시내 영어학원에서 회화공부를 할 수 있었던 것도 새벽 기상에서 얻은 보람으로 여기고 있다. 이러한 그의 새벽 사랑은 '새벽예찬' '아침형 인간' 등에 잘 표현돼 있다. 그는 "새벽은 건강과 순수의 상징이자 신앙에 가깝다. 내 작품 속에는 새벽과 건강, 눈물을 떼어 놓을 수가 없다."고 말한다.

그가 들려주는 군 시절 이야기도 흥미롭다. 보도사병으로 군복무 중 휴가를 갔다가 동대구역에서 당시 공군 문화선전대 소속으로 대구 K-2기지에서 공연을 마치고 서울로 가던 나훈아(본명 최홍기) 병장을 우연히 만나 4시간여에 걸쳐 취재를 하고 복귀하자마자 부대 신문에 실었던 이야기는 '나훈아… 아니, 최병장 님'에서 만날 수 있다.

특히 책 제목이기도 한 '봉창이 있는 집'은 고향에 대한 그리움이 오롯이 녹아 있다. 어린 시절 고향 집에 난 조그만 봉창으로 바라본 세상과 새벽녘이면 들려오는 부모님의 정겨운 대화, 이웃집 이발사가 부는 하모니카 소리 등 그가 풀어낸 고향 집 이야기는 향수를 자극한다.

다채로운 이력, 수차례 표어 공모 당선 등 이채

그가 수필과 인연을 맺은 건 35년 전으로 거슬러 올라간다. 1977년 월간 '수필문학'에 '밤의 아이들'이란 제목의 작품이 실리면서 수필에 대한 흥미를 갖기 시작했다. 그해 김승우 김효자 선생이 주도하는 한국수필문학진흥회에 무려 두 달 치 봉급을 보내 창립 주주로 참여할 만큼 수필의 매력에 빠졌다. 이후 직장생활 틈틈이 쓴 글을 모아 1995년에 『촌티 못 벗는 남자』를 펴내면서 본격적인 수필가의 길로 들어섰다.

그런데 수필가라는 명함 외에 그를 나타내 주는 수식어는 다양하다. 교사로 사회에 첫발을 내디딘 그는 1년여간의 교직생활을 접고 이후 '코카콜라'로 대표되던 범양식품의 관리부장으로 20여 년간 근무했다. 이후 금호방송 편성제작국장, 아진제지공업 총괄상무이사 등을 거쳐 현재는 대구수필가협회 부회장, 달서구보 '웃는 얼굴' 편집위원으로 활동하고 있다. 그는 "지금까지 쉼 없이 공부하고 스펙도 쌓았다. 이력서 2장에도 다 못 쓸 정도이다."라고 말한다.

그러나 무엇보다 눈길을 끄는 이력은 따로 있다. 바로 슬로건(표어) 공모 입상 전적이다. 그는 적게는 1천여 명에서 많게는 수십만 명이 참가하는 슬로건(표어) 공모에서 여러 차례 당선작을 냈다. '마음을 하나로, 대구를 세계로'(대구시), '사랑의 반세기, 빛 되어 세계로'(대구대) 등의 슬로건도 그의 작품이다. 그는 사물이나 길거리의 간판 하나도 결코 소홀히 보지 않는다고 말한다. 하루 4개의 일간지를 꼼꼼히 읽으며, 신문마다 독특한 제목 하나도 유심히 관찰하는 습관도 몸에 배있다. 기름값도 아끼고 출퇴근 시간을 절약하기 위해 버스를 이용하면서 오가는 동안 책을 읽고 바깥 풍경을 보며 영감을 떠올린 것이 한몫했다.

이런 모든 것은 결국 수필로 귀결된다. 그는 "삶의 주변 어느 한 곳도 수필과 유리해 생각해 본 적이 없을 만치 늘 좋은 수필을 쓰기 위해 삶에 대해 애정을 기울이고 관심을 쏟고 있다."며 "이 책이 우리 사회가 보다 건강해지는 데 도움이 될 수 있으면 좋겠다."고 말한다. 이어 그는 "책을 읽으신 분들이 술 담배 안 하고, 부지런하고, 정의로운 성격이 책에 고스란히 담겨 있다고들 말하는데, 앞으로도 부끄럽지 않은 삶 살도록 노력할 것이다."고 덧붙였다. (박선경 기자)

| 발문 |

붓 가는 '데'로의 자아화

— 성병조 수필집 『새벽바라기』에 부쳐

장 호 병

| 수필가, (사)한국수필가협회 이사장 |

먼저 얼리 버드 성병조 사백의 수필집 『새벽바라기』 상재를 마음 모아 축하드린다.

수필隨筆이 문헌에 처음 드러난 것은 당唐나라 백거이白居易의 시작마제수필주詩作馬蹄隨筆走에서이다. 즉 시심이 말의 발굽처럼 붓을 따라 달려야 한다는 시 창작을 설명하는 용어였다.

저작물로서는 남송시대 홍매洪邁의 용재수필容齋隨筆에서 비롯하여 우리나라에서도 도제수필陶齊隨筆, 윤흔 독사수필讀史隨筆, 이민구, 한거수필閒居隨筆, 조성건, 일신수필馹迅隨筆, 박지원 등으로 이어진다. 선비나 문장가들에게는 무한 제재와 자유로운 형식이라는 점에서 수필은 선망의 글쓰기 양식으로 관행에 대한 파격이자 일탈, 낭만과 멋이었음을 부인할 수 없다. 당대의 지식인이자 문장가들의 내공이었다.

또 저작자는 동시대를 살아가면서 느낀 소회나 부조리, 인간 삶의 불가항력 등을 형식이나 제도적인 격식에서 벗어난 일탈을 통해 '붓 가는 대로'에 지식인으로서의 고뇌를 실었을 것이다. 따라서 이러한 저작물에는 그 시대의 삶을 가늠할 수 있는 숱한 사상들이 녹아있고, 세상을 바꾸어보려는 개혁적 의지 또한 녹아있기 미련이다.

삶이 문학에 투영되고, 그의 문학은 삶에 영향을 준다. 이러한 선순환 구조는 성병조 사백의 수필집 『새벽바라기』에서 명백히 드러난다. 그는 중2때부터 시작한 새벽 네시 기상과 조깅을 50여 년 이어오고 있다. 초중고 12년을 개근한 성실성은 대학생활과 직장생활, 은퇴 후의 삶이라고 하여 달라지지 않았다. 정직과 정의를 덕목으로 하는 바르게 살기 또한 글의 행간에서 그대로 나타나고 있다.

임어당의 '나그네는 어디로 갈 것인가를 모르고, 어디서 왔는지조차 모른다.'라는 말은 길 위의 삶, 깨어있는 삶의 자세를 귀히 여긴다는 말이다. 그의 말에 따르면 성사백은 훌륭한 여행자임에 틀림없다. 여행이 귀가에서 마무리되듯, 글쓰기라는 여행에서는 자아로 귀착한다. 성사백의 수필은 자아로의 여행이다. 그리고 수많은 중간 기착지는 '붓 가는 데'이다. 서정수필이 주류를 이루는 우리 수필 풍토에서 메시지가 분명한 자아로의 여행을 읽을 수 있어서 마음이 든든하다.

성사백의 문학을 통하여 그의 삶을 들여다본다.

□ 얼리 버드〔好之者不如樂之者〕

저자는 비가 오나 눈이 오나 정해진 시간에 새벽조깅을 해왔다. 어쩌면 가장 쉬울 수도 있지만 하루도 거르지 않고 신앙처럼 지키기란 어렵고도 어려운 일이다. 이는 성사백의 신념이자 자부심이기도 하다. 또한 어떤 일 앞에서도 당당해지는 자신감의 바탕이기도 한다. 대부분의 경우 어떤 일을 선뜻 나서서 맡으려는 이가 흔치 않다. 하지만 성사백은 주저하지 않는다.

> 나는 평생을 살면서 이날의 유희遊戲를 잊은 적이 없다. 유창한 영어 통역의 이면에는 능력보다 용기가 차지한 영역이 훨씬 넓었다는 점을 고백한다. 외국인이 말한 부분에다 자의적인 해석을 가미해 맛깔 나는 작품을 만들었기에 그들의 입맛에 맞았던 것뿐이다. 내가 아는 영어가 나오면 그것을 유추하여 재미있게 풀어나가니 학생들이 감동할 수밖에 없었을 것이다. 어찌할 수 없는 막다른 골목에서 발휘한 나의 기지機智는 두고두고 잊히지 않는 대학 생활의 추억으로 남아 있다.
>
> -「나는 명 통역사」 중에서

막상 일을 접하고 보면 생각했던 것보다 어려운 일이 아니라는 것을 누구나 안다. 그럼에도 망설이는 것은 두려움 때문이다. 미흡하더라도 다음에는 개선할 여지를 발견할 수 있으니 그것만으로도 큰 소득이다. 자신감이 없다면 시도조차 하지 못할 것이다.

> 취기에서 완전히 깨어나지 못한 그녀의 걸음걸이가 걱정되어 금방 자리를 벗어날 수 없었다. 희미하게 멀어질 때까지 그녀가 가는 곳을 유심히 바라보다 한참 후에 발길을 돌렸다.
>
> '실수하지 않고 제대로 집에 들어가기는 하였을까?'
>
> '어차피 돕는 김에 아파트 통로 입구까지 데려다주었더라면 한결 안심할 수 있을 텐데…….' -「무슨 사연 있기에」 중에서

선의가 잘못 받아들여져 오히려 봉변당하거나 주위 사람들로부터 오해를 사기 쉬운 세상임에도 그는 주저하지 않는다. 아무도 밟지 않은 새벽길은 새길이다. 어찌 경건한 마음이 들지 않으랴. 얼리 버드는 조우하게 되는 대상에게 나의 유불리를 개입시키지 않고 오로지

그 자체만의 세상을 볼 것이다. 구두 수선공을 대함에 있어서도 역지사지의 마음 씀이 보인다.

솔직히 수선 집에 들르기 전에는 수선비가 얼마나 나올지 먼저 알아보고 싶었다. 하지만 가게에 들어서는 순간 용기가 사라져 버렸다. 전문가에게 값을 흥정하는 것은 도리가 아니라 여겨졌기 때문이다. 비록 값이 비싸다 생각되더라도 수선하지 않고 돌아설 처지가 못 되는 게 아닌가. 가져온 쇼핑백에 구두를 넣으면서 조심스레 가격을 물었다. 예상했던 것보다는 좀 비싸게 여겨졌지만 그의 능숙한 솜씨와 정성에 비한다면 아무것도 아니다. 얼마나 긴 세월 동안 갈고 닦은 기술인데 금액으로 따진단 말인가. 지폐와 함께 고마움을 얹어 드리고 나니 맘이 편했다.

–「프로의 가치」 중에서

□ 촛불도 태극기도 아니지만〔樂之者不如行之者〕

사르트르는 문학의 사명이 정치, 사회적 현실을 변혁하기 위한 참여에 있다고 갈파하였다. 성사백 역시 아는 일, 좋아하는 일, 그리고 궁극적으로 즐기고 있는 일은 관계망 속에서 실천에 옮겨야 마음이 놓이는 사람이다.

필자가 알기로 성사백은 촛불이나 태극기를 들고 거리로 나서는 사람은 아니다. 군중의 힘을 빌려 목소리를 내려 하지 않는다. 오히려 많은 사람이 눈살을 찌푸릴지라도 때로는 앞장을 선다.

아파트에서 꽁초 버리는 사람을 끝까지 추적하여 가려낸다. 또 거리에서 만나게 되는 불량청소년들을 현장에서 계도하지 않고 스쳐지나가는 법이 없다. 아마도 근육맨으로 불릴 만큼 튼튼한 체력을 믿는 자신감도 한 몫을 하고 있을 것이다. 미흡했던 경우에는 꿈에서조차 발길질로 훈계를 하여야 한다.

> 이쯤에서 그쳤으면 얼마나 좋으랴만 그렇지 못해서 탈이다. 꿈을 꾸면서 발길질하는 경우가 더러 있었던 모양이다. 죄 없는 아내를 걷어차는 바람에 놀라 깬 적도 몇 번 있다. 꿈속에서 나쁜 사람을 혼내주느라 발차기를 한 게 화근이다. 어느 날 저녁에는 대형사고까지 치고 말았다. 저녁 식사 후 소파에 누워 TV를 시청하다 깜빡 잠이 들었다. 그 짧은 시간에 또 몹쓸 꿈을 꾼 것이다.
>
> 달아나는 범인을 쫓고 있는 중이었다. 그놈을 제압하기 위해 사력을 다해야 한다. 있는 힘을 다 모아 발로 걷어찼는데 엉뚱하게도 아내를 차 버린 거다. 비명 소리에 놀라 깨어나 보니 아내는 두 손으로 머리를 감싸고 있다. 소파 아래서 팔을 괴고 TV를 시청하는 아내의 머리가 나의 표적이 되어 버렸다. 세상천지 어찌 이런 일이 있을 수 있단 말인가. 아내의 아픈 머리를 쓰다듬으며 용서를 빌었지만 고통은 쉬이 사라지지 않았다.
>
> –「꿈이 유죄인 걸」 중에서

그에게 참여는 귀찮은 것이 아니라 보람이다.

표어 공모에서 '마음을 하나로, 대구를 세계로'(대구시정 슬로건 공모), '사랑의 반세기, 빛 되어 세계로'(대구대 개교 50주년 기념 공모), '보람으로 서는 교단, 사랑으로 크는 제자'(한국교원단체총연합회 교육주간 표어 공모) 등이 수십만 명의 경쟁자를 물리치고 당선작으로 뽑혔다.

현대인들이 귀찮아서 불의나 부조리 앞에서도 상관하지 않고 피하는 일이 얼마나 많은가. 성사백은 공직자의 업무상 태만이나 유기는 가차 없이 끼어들어 바로잡고, 또 친절이나 솔선하는 공복을 만나면 칭찬하거나 공개하는 등 사기를 올려주는 사회정의파이다.

한때 교사로 사회에 첫발을 디뎠던 그는 시니어 일사리에서 학생들에게 꿈을 심어주기도 하고, 때로는 인솔교사들을 나무라기도 한다. 정도를 벗어난 일을 보면 신체에서 알르레기 반응을 일으키지만 자신의 일에는 수고가 뒤따르나 언제나 자부심이 가득하다.

> 어느 곳에서도 환영받기 힘든 나이임을 내 모를 리 없다. 늘그막에 가진 일터에서 사랑스런 학생들과 더불어 봄 향기를 만끽할 수 있다는 것은 드문 행운이다. 범어산의 짙어가는 녹음이 건물 뒤로 펼쳐지고, 3호선 하늘 열차Sky rail가 그림처럼 전개되는 이곳이 별천지가 아니고 무엇이겠는가. 이토록 쾌적한 환경 속에서 미래의 동량이 될 학생들에게 꿈을 심어줄 수 있다는 게 얼마나 가슴 벅찬 일인지 모른다. 신록의 계절에 어린이들과 더불어 내일의 희망을 함께 가꾸어 나갈 수 있는 과학교육원은 나의 오랜 직장 생활 어디에도 비길 수 없는 보람의 일터인 것을 감춰둘 수가 없다. –「과학교육원의 봄」 중에서

□ 자아를 향한 여행

성사백의 부모님은 일찍 돌아가셨다. 때문에 못다 한 효를 그는 처부모에게 하고 있다. 여행을 좋아하는 내외는 몸이 불편한 처부모님을 모시고 여행길에 자주 오른다.

> 한번은 고속도로 휴게소의 장애인 화장실에 들렀다가 낭패를 당한 적이 있다. 장인어른이 좌변기에서 볼일을 본 후 물을 내리기 위해 각종 장치들을 건드렸으나 제대로 말을 듣지 않는 바람에 겪은 해프닝이다. 아내와 함께 변기 가까이 얼굴을 대고 여러 수작을 피우던 중 변기에서 갑자

기 물을 내뿜는 게 아닌가. 튀어 오른 비데수를 얼굴에 온통 뒤집어쓰고 마주 보며 웃었던 일이 좀체 잊히지 않는다. -「노병의 외출」 중에서

어려운 관문을 뚫고 사회 초년병이 되던 날, 두 자녀들에게도 청렴과 정직성을 생활신조 삼아 굳게 지키도록 단단히 당부해 두었습니다. 한때의 실수는 평생을 좌우합니다. 작은 탐욕이 큰 화를 부릅니다. 남을 비난하기에 앞서 스스로를 돌아보는 지혜, 그리고 부정한 돈과의 교제는 패가망신으로 이어진다는 점을 가슴에 새긴다면 우리 사회가 조금은 더 밝아질 거라 믿습니다. -「오래된 약속」 중에서

저자는 필자와 동갑이다. 가부장적 문화에 길들여져 있을 세대임에도 그는 가사에서 남녀 역할을 구분하지 않는다. 아내가 일에 몰두하거나 자아개발을 위한 일에 시간을 할애할 수 있도록 식사부터 '있으면 있는 대로, 주면 주는 대로'를 온 가족이 실천하고 있다.

'아내의 행복은 남편 하기 나름'이라는 신조로 손수 설거지나 빨래 등 가사분담을 하고, 부부평등을 실천하여 상을 받기도 하고, 언론에 소개되기도 하였다.

커뮤니케이션의 어원이 나눔과 일치에 있고 보면 사랑하고, 관심 가는 분들과는 나누어 일치하게 하려는 집념으로 나타날 수 있다. 그는 커뮤니케이션의 사도로서 그가 생각하는 정의는 모두 남과 나누어야 한다.

세상에 가장 영양가 있고, 성심으로 쓰는 글이 주례사이다. 신혼부부에게 보내는 그의 메시지 '배우자Learn, Study'에는 부부학의 원리가 들어있다 하겠다.

생각 끝에 고안해 낸 메시지가 '배우자Learn, Study'이다. 부부를 서로 호칭할 때 '배우자Mate, Partner'라고도 하지 않는가. 학습 과정에 놓인 젊은이에게 배움의 색다른 의미를 결혼이라는 대사에 접목해 주고 싶었다. 흔히들 '하루가 즐거우려면 목욕을 하고, 한 달이 즐거우려면 친구를 사귀고, 일 년이 즐거우려면 결혼을 하고, 평생이 즐거우려면 배우라'고 하였다. …중략… 배움이란 자신을 낮추는 겸손에서 비롯되는 것이요, 무한한 발전 가능성을 지니는 것이기 때문에 신혼부부의 교훈으로 삼기에 충분하다고 생각하였다. 그것은 첫째로 부부간의 배움(사랑)이요, 다음은 부모로부터 배움(효도)이요, 마지막으로는 경쟁사회에서 이길 수 있는 수단으로서의 배움(성공)이라는 3요소로 구성하였다. －「주례를 서다」 중에서

성사백의 수필은 메시지가 분명하다. '배우자Learn, Study'나 '성고문成顧問' 등에서 보여주는 언어유희는 재미를 더할 뿐만 아니라 의미의 전달이나 인식에도 크게 기여하고 있다.

상대방은 당연히 성成 고문顧問이라는 의미로 호칭하였겠지만 듣기에 따라서는 전혀 엉뚱한 느낌으로 다가올 수 있으니 난제이다. 어감도 그리 호락호락하지만은 않다. 마치 성범죄라도 저지르는 문제의 성性 고문拷問으로 희화되기에 안성맞춤이다. 전혀 친분이 없는 낯선 집단 속에서 '성고문'이라고 크게 불렀을 때 다른 사람들이 가질 수 있는 당혹감을 짐작할 수 있을 터이다. －「성 고문은 싫어」 중에서

40여 년 전에 형성된 투철한 국가관이 다시 한번 입대하라고 해도 기꺼이 달려갈 각오가 되어있다는 성사백의 군 사랑은 한결같다. 입영한 아들의 손편지를 받고, 아들을 향해 쓴 편지를 조선일보에 기고하였다. 마침 부대장이 읽고 장병들의 신상 정보를 확인하여 특강을 요청해오기도 했다.

부대장은 군을 사랑하는 내 글이 맘에 들어 전 장교들의 수첩 맨 앞에 다 복사본을 붙여 두고 읽으라는 지시를 한 참이었다. 그런 사람이 자기 부대 병사의 아버지라니 얼마나 반가웠으랴.

나의 각별한 군대 사랑의 정신을 장병들에게 널리 전하도록 특강을 요청해 온 것이다. -「다시 읽는 군대 편지」

여행을 좋아하는 성사백 부부는 해외여행에서 기행문을 쓴다.「장가계에서 중국을 읽다」「라오스에서 행복을 읽다」「광활한 대지 무한한 잠재력」「양자강에서 힐링하다」 등에서 S형에게 보내는 편지는 현지를 둘러보고 나라 사랑으로 귀결되는, 자신에게 보내는 편지와 다르지 않을 것이다.

성사백은 1977년 월간 ≪수필문학≫에 「밤의 아이들」이란 제목의 작품이 실리면서 수필에 대한 흥미를 갖기 시작했다. 그해 김승우 김효자 선생이 주도하는 한국수필문학진흥회에 무려 두 달 치 봉급을 보내 창립 주주로 참여할 만큼 일찍이 수필에 지대한 사랑을 기울이고 있다.

당대의 지식인이나 문장가들이 사회변화를 꿈꾸는, 개혁의지를 담은 글이 수필隨筆이었다. 성병조 사백의 글들 또한 명징한 주제로 우리 사회가 나아가야 할 바를 제시하고 있다 하겠다.

이번 제3수필집이 세상에 큰 반향을 일으키기를 기대한다. 그리고 다음 작품집에서는 또 다른 세계와 만날 것을 기약한다. (終)